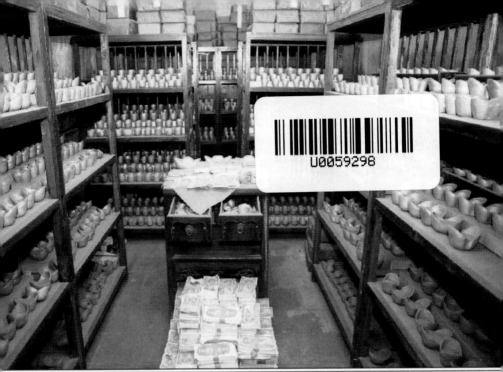

# 貨幣歷程

歷代貨幣與錢幣形式

楊宏偉 編著

崧燁文化

# 目錄

## 流通寶貨 鑄行通寶錢

# 序言 貨幣歷程

文化是民族的血脈，是人民的精神家園。

文化是立國之根，最終體現在文化的發展繁榮。博大精深的中華優秀傳統文化是我們在世界文化激盪中站穩腳跟的根基。中華文化源遠流長，積澱著中華民族最深層的精神追求，代表著中華民族獨特的精神標識，為中華民族生生不息、發展壯大提供了豐厚滋養。我們要認識中華文化的獨特創造、價值理念、鮮明特色，增強文化自信和價值自信。

面對世界各國形形色色的文化現象，面對各種眼花繚亂的現代傳媒，要堅持文化自信，古為今用、洋為中用、推陳出新，有鑑別地加以對待，有揚棄地予以繼承，傳承和昇華中華優秀傳統文化，增強國家文化軟實力。

浩浩歷史長河，熊熊文明薪火，中華文化源遠流長，滾滾黃河、滔滔長江，是最直接源頭，這兩大文化浪濤經過千百年沖刷洗禮和不斷交流、融合以及沉澱，最終形成了求同存異、兼收並蓄的輝煌燦爛的中華文明，也是世界上唯一綿延不絕而從沒中斷的古老文化，並始終充滿了生機與活力。

中華文化曾是東方文化搖籃，也是推動世界文明不斷前行的動力之一。早在五百年前，中華文化的四大發明催生了歐洲文藝復興運動和地理大發現。中國四大發明先後傳到西方，對於促進西方工業社會發展和形成，曾造成了重要作用。

中華文化的力量，已經深深熔鑄到我們的生命力、創造力和凝聚力中，是我們民族的基因。中華民族的精神，也已

深深植根於綿延數千年的優秀文化傳統之中，是我們的精神家園。

　　總之，中華文化博大精深，是中華各族人民五千年來創造、傳承下來的物質文明和精神文明的總和，其內容包羅萬象，浩若星漢，具有很強文化縱深，蘊含豐富寶藏。我們要實現中華文化偉大復興，首先要站在傳統文化前沿，薪火相傳，一脈相承，弘揚和發展五千年來優秀的、光明的、先進的、科學的、文明的和自豪的文化現象，融合古今中外一切文化精華，構建具有中華文化特色的現代民族文化，向世界和未來展示中華民族的文化力量、文化價值、文化形態與文化風采。

　　為此，在有關專家指導下，我們收集整理了大量古今資料和最新研究成果，特別編撰了本套大型書系。主要包括獨具特色的語言文字、浩如煙海的文化典籍、名揚世界的科技工藝、異彩紛呈的文學藝術、充滿智慧的中國哲學、完備而深刻的倫理道德、古風古韻的建築遺存、深具內涵的自然名勝、悠久傳承的歷史文明，還有各具特色又相互交融的地域文化和民族文化等，充分顯示了中華民族厚重文化底蘊和強大民族凝聚力，具有極強系統性、廣博性和規模性。

　　本套書系的特點是全景展現，縱橫捭闔，內容採取講故事的方式進行敘述，語言通俗，明白曉暢，圖文並茂，形象直觀，古風古韻，格調高雅，具有很強的可讀性、欣賞性、知識性和延伸性，能夠讓廣大讀者全面觸摸和感受中華文化的豐富內涵。

肖東發

# 圓錢通行 秦統一貨幣

　　秦統一中國，也統一了貨幣。秦結束了以前的戰國時期貨幣形狀各異、重量懸殊的雜亂狀態。

　　在秦國早期鑄造的圓錢和半兩錢基礎上，規定了全國統一的貨幣形制，統一的貨幣重量，統一的鑄造模型和鑄造官署。還包含統一的貨幣規格和比價，並注重運用法律手段來管理貨幣，從而保證了統一貨幣政策的實施。

　　秦王朝統一貨幣，在中國歷史上是一個偉大的壯舉，開啟了中國貨幣歷史新紀元，在當時具有多方面的意義，也對後世產生了極為深遠的影響。

# 秦國早期的鑄幣

■秦代早期的錢幣

　　秦朝是中國歷史上第一個統一的專制主義中央集權的封建制國家政權，它是在戰國時期秦國的基礎上建立起來的。秦朝以前，錢幣形狀各異，輕重不一，並且有優有劣，換算困難，給當時的商品流通造成了極大的困難。

　　秦朝出於國家統一的需要，貨幣的統一經歷了一個長期的歷史過程。秦國早期鑄幣的出現、發展和變化直至最後統一，在中國貨幣歷史上具有承上啟下的意義。

　　在秦統一之前，秦國開始鑄造了銅質圓形圓孔的圓錢和圓形方孔的半兩錢等，並建立了黃金、布、半兩錢三等的制度。這些錢幣及其相關政策，為後來秦始皇統一貨幣奠定了基礎。

秦國鑄幣的出現是在秦獻公時期。西元前三八三年，秦獻公把國都遷到櫟陽，其位置大致在今陝西省西安市閻良區武屯鎮官莊村與古城屯村之間。這裡當時是商人必經的商道，秦獻公在這裡「初行為市」，就是開始設立市場，設置市吏，管理市場貿易，徵收市稅。

　　市稅收的是貨幣，就是秦國當時自己鑄造的。隨著商品經濟的發展，農民紛紛棄農經商，影響農業自然經濟的穩定。

　　秦孝公時期的商鞅變法，大力推行重農抑商政策，其主要措施，是以貨幣形式徵收商人的關卡過往稅和市場營業稅。此外，還在西元前三四八年實行了「初為賦」，向全國人民徵收口賦，口賦也是以貨幣的形式徵收的。

　　從秦獻公和秦孝公時商品交換的發展程度來看，朝廷的許多稅收項目要求以貨幣形態支付，如果沒有本國的鑄幣是不可能的。

　　當時秦國的鑄幣是銅質圓錢，採用圓形圓孔的周圓錢形式，按其重量可分一兩型和半兩型兩種。這是秦幣的早期形態，也是方孔錢的前身。

　　圓錢是由玉璧和古時的紡輪演化而來的。圓錢是沿用璧、環的專稱來稱其形體的。

　　《爾雅·釋器》記載：「肉倍好謂之璧，好倍肉謂之瑗，肉好若一謂之環。」引文中的「肉」是指邊，即穿孔至廓之間的實體；「好」是指璧、環居中的穿孔。可見圓錢與玉璧之間的關係是有聯繫的。

## 圓錢通行 秦統一貨幣

戰國時期的圓錢，據貨幣單位的不同，可將其劃分為三大類：一是以「兩」為單位的秦國圓錢；二是以「釿」為單位的兩週、三晉地區的圓錢；三是以傳統貨幣單位「刀」為名稱的齊、燕圓錢。

由於秦國的逐漸發展並成為後來統一天下的強國，因此在戰國時期，秦國圓錢對後世來說顯然更有意義。

秦幣在秦惠文王時期又有了發展和變化。

西元前三三六年，秦惠文王開始實行「初行錢」，鑄造和發行圓形方孔半兩錢。

「初行錢」不等於說秦國這時才開始鑄錢，在這之前，錢幣多為私人所鑄，在此之後，秦國擯棄了圓形圓孔錢，定型為圓形方孔半兩錢，使秦幣由試行階段轉變為正式全面鑄行時期。

從出土文物看，秦惠文王半兩錢筆畫有方折、圓折，錢文字體比戰國時期半兩漸呈方形，錢徑在二・五釐米至二・七釐米，重量二・七克至四克。周邊較圓，錢體較薄，出現有外廓，鑄口銅茬較窄。

此外，圓形方孔錢的錢面只標面值，沒有地名，說明代朝廷專鑄制度進一步確立。不許地方上擅自鑄錢，也嚴禁私人鑄錢。

秦惠文王時的半兩錢的流通範圍，西至河西走廊；東至山東、江蘇，北達內蒙古，南抵廣州市，東北到達遼東半島，西南進入大渡河上游，說明秦半兩錢是全國通用的貨幣。

秦惠文王鑄造這種貨幣有觀念上的原因。戰國中期，「天圓地方」之說廣泛流行，秦國取這種幣形，就是這種觀念在貨幣上的反映。秦幣此後大小輕重雖時有變化，但圓形方孔再無變更。

秦惠文王所鑄圓形方孔半兩錢，是中國古代貨幣史上的一件大事，表明秦國在某種程度上開始統一貨幣，也為後來秦始皇統一貨幣奠定了基礎。

秦半兩錢主要在秦國境內流通，在其他諸侯國流通的數量很少，因為幣值不統一，換算困難。所以，錢如要帶出國境，必須換成黃金或布，按法律規定的比價折算。

由此可見，黃金和布這兩種貨幣是各國都通行的。同時也證明，秦幣分為黃金、布、半兩錢三等的制度在戰國晚期就已形成。

布與半兩錢之間有法定的比價，一般是「錢十一當一布」。刑徒如果向官府領取衣服，就要按十一的倍數繳錢。比如男性城旦，冬衣每人繳一百一十錢，即十個布；夏衣每人繳五十五錢，即五個布。按法定比價，刑徒領取衣服可以繳布，也可以繳錢，這說明布當貨幣普遍存在。

當時的布、黃金和半兩錢分為三等：黃金為上幣，半兩錢為下幣，布為中幣。

把貨幣分為三等由來已久，春秋時期的管仲在《地數篇》記載：「先王各用其重，珠玉為上幣，黃金為中幣，刀布為下幣。」秦國把貨幣分為三等，既與實際相符，也符合傳統習慣。

　　黃金作為上幣，表示其為貴金屬，用作大數目的支付。秦國對立大功的人常用黃金作為重賞。

　　黃金作為貨幣的出現，在貨幣史上是有意義的，從此基本上奠定了中國封建社會貴金屬與銅幣並行的貨幣格局。

## 閱讀連結

　　秦惠文王在執政之前，秦國的世族貴冑們在自己的食邑內都有各自一種用以交換日常所需物品的等價物，比如布幣。總之，還沒有全國通行的一般等價物。

　　秦惠文王在西元前三三六年實行「初行錢」的貨幣政策，為商品的合理交換提供了標尺，為統一稅收作了鋪墊，加強朝廷的財政徵收能力和效率，有利於經濟往來的便利，促進商品經濟的繁榮。

　　隨著行政制度的建立和完善，形成了國君集中資源的顯著優勢，從而為朝廷「機器」的運轉提供了強大的驅動力。

# 秦幣統一的成果

■秦統一後所鑄錢幣

　　秦始皇下令廢除原各國的舊幣，以秦幣為基礎推行新的貨幣制度。秦始皇統一貨幣後，中國的貨幣制度在多個方面都取得了統一。其中包括全國貨幣形制的統一，貨幣重量的統一，鑄造模型和鑄造官署的統一，還鑄造了秦權錢作為衡量的標準。

　　秦統一幣制後，把貨幣一律稱名為「錢」，並被後世一直延續了下來。

　　秦代貨幣的統一表明，「千古一帝」秦始皇，在統一貨幣時不僅措施有力，也取得了歷史性成果。

　　秦始皇統一貨幣時，首先要求全國貨幣形制的統一。他下令將其他各國原有的較為紊亂的幣制一律廢除，規定全國的貨幣只有兩種，一種是黃金，為上幣；一種是方孔的圓錢，為下幣。

圓錢通行 秦統一貨幣

　　這就使原來其他諸國的貨幣就淡出了流通領域，並逐漸在人們視野中消失了。

　　方孔圓錢的形質雖是沿襲兩週的環錢，但有所不同的是全部都將圓孔改為方孔。秦始皇確定方孔圓錢為貨幣統一形制，有四點重要的原因：

　　一是環錢本為周制，秦國雖在戰國時期就在沿用，但秦始皇既然進行幣制改革，就絕不能因襲照搬，而是應該要在錢孔上予以統一。

　　二是錢必須要以繩或木以貫穿，才便於攜帶和流通。而要使它貫串得比較牢固，不容易晃蕩挪動，方形的孔則更符合這種要求。

　　三是最初的環錢有鑄四個字的，也有鑄六個字的。統一貨幣後，秦錢鑄為方孔，分列「半兩」兩個字於方孔兩邊，即便識別，又較美觀勻稱。

　　四是秦錢貯藏規定「千錢一畚」，製為方孔，以木或繩貫之，就能比較固定，也是儲存上的一種最大便利。

　　正是因為這些原因，秦國統一貨幣推行的方孔錢，從秦代定製起，直至清代末期都沒有改變。

　　秦代採用半兩錢的錢幣形制，倒映著先秦時代的「天圓地方」思想。古人把「圓」與「方」，「天」與「地」，「君」與「臣」聯繫起來了，它們之間有著各執其道，不可易位的關係。

這種思想投影在秦半兩錢的形制上：外圓代表天命，內方象徵皇權。「外圓內方」的半兩錢，搖身一變為「天命皇權」的符瑞。這就是方孔圓錢在中國歷史上通行了幾千年而不衰的真正原因。

人類的思維發展與社會的發展是同步而行的。隨著生產力的發展，人類開始認識時間和空間的發展，逐漸走出原始的混沌狀態。

秦半兩錢就是在這種思維方式的指導下，繼承了歷史上錢幣形制的優秀成果，又注入了天、地、人的思想觀念，融時間、空間於一體，濃縮在方寸之內。

從這個角度來說，秦半兩錢的誕生，是人類思維發展史上又一座豐碑。

秦始皇還對全國錢幣重量進行了統一。

在以金屬作為貨幣的時代，貨幣的重量是貨幣制度中非常重要的一環，貨幣的重量過輕、過重或者重量標準的不統一，都會給商品交流和經濟發展帶來不利影響。因此，秦始皇統一貨幣時也非常重視對貨幣重量進行統一化。

在對貨幣的重量上，統一貨幣要求貨幣的重量為「半兩」，並在貨幣上鑄上「半兩」兩個字，這裡的半兩，相當於當時的十二銖，秦制二十四銖等於一兩。

秦國鑄造錢幣是有技術上的原因的。當時鑄造貨幣使用的是土範，一枚錢只能鑄一次，重量自然不能夠絕對準確。儘管如此，但是秦代關於「半兩」規定，無疑為貨幣重量的

統一提供了重要條件。後世沿用對重量的統一要求，終於使古代金屬貨幣的重量終於走向統一。

秦始皇去世後，秦代貨幣中的一些改革成果開始衰落，鑄幣的重量開始減輕，幣制混亂，以變相的通貨貶值的手段攫取財富。秦末貨幣的嚴重減重變質，與秦王朝的衰亡是同步的。

可見，一個朝廷的貨幣可以反映國力的盛衰。

秦始皇還規定由朝廷統一鑄造錢幣，鑄幣權完全由朝廷掌握，實現了鑄造模型和鑄造官署的統一。

在貨幣改革時，關於鑄幣權，秦國政策總起來說就是「鑄幣權」的統一：全國的錢幣都由朝廷統一集中地鑄造，不許民間私鑄。

關於秦國統一鑄幣權的情況，秦簡有一份《封診式》說道：「某里士五（伍）甲、乙縛詣男子丙、丁及新錢百一十錢，容（熔）合；告曰：丙盜鑄此錢，丁佐鑄。甲、乙捕索其室而得此錢、容，來詣之。」

這段簡短的記載可以傳達多個訊息：秦代的貨幣不僅是統一於半兩，而且都有法定的模式，那就是「容」，就是用這種「容」來作為錢範鑄錢。

文章說「丙盜鑄此錢」，並被搜出錢範，丙也因此被逮捕，由此可以證明，秦國不但統一了貨幣的模式，更統一了鑄幣權。

秦國的這種錢幣必須集中於朝廷，由朝廷統一鑄造的做法，和現代各國貨幣的發行必須全部集中於朝廷大致相同。因此，可以說秦始皇統一貨幣政策中的統一鑄幣權，是具有先驅作用的。

　　秦權錢是秦王朝統一貨幣、加強朝廷集權制的象徵。秦王朝為了保證統一貨幣政策的施行，不僅鑄造了大量的半兩錢，而且還鑄造了為數不多的重四兩的秦權錢。

　　秦國為了保證統一貨幣政策的施行，不僅鑄造了大量的「半兩錢」，還鑄造了為數不多的「重四兩」的秦權錢。

　　為了杜絕私鑄，檢驗半兩錢的份量，特地又鑄造了一種厚重的權錢，稱「法錢」，面文左右兩側有「重四兩」的小篆文字，穿孔上下有一定的數字符號，作為衡量的標準。

　　按此權錢的標準，一枚權錢應當等於八枚半兩錢的重量，如果八枚半兩錢不等同於一枚權錢的重量，那就說明不符合標準。

　　秦權錢的鑄造，在監督、規範當時全國錢幣的流通，進一步鞏固半兩錢的獨尊地位，保證統一貨幣政策的落實，造成了十分重要的作用。

### 閱讀連結

　　晚清學者丁福保主編的《古錢大辭典》中有關於秦權錢的說明和拓圖，認為是世間罕見的珍品，書中所記載的錢，原物已經下落不明。

　　這枚秦權錢在一九五○年代初發現於西安，印有「第十七重四兩」幾個字，是現在發現與存世的唯一一枚秦權錢。

　　秦權錢是秦王朝統一貨幣，是加強朝廷集權的象徵，是能與上海博物館珍藏的度量衡制「商鞅方升」相媲美的國寶。商鞅方升為戰國中期的青銅器，反映了當時在數字運算和器械製造等方面所取得的高度成就。

# ▋秦代貨幣的法令

■由秦國李斯題寫「半兩」二字的秦半兩錢

　　西元前二二一年，秦始皇統一六國，對貨幣制度進行改革，統一了貨幣。

　　秦統一貨幣包含統一貨幣的規格和比價，並用法律確保貨幣的流通，在中國古代貨幣史上具有劃時代的意義。秦始

皇不僅對貨幣的質、量、形、用有明確規定，而且集中了錢幣鑄造權，嚴禁私人鑄錢。

秦國的貨幣立法成果，主要有《金布律》、《關市律》和《效律》，在財物財產、市場交易，以及銅錢的法定重量、貨幣的形狀等方面作了相關規定。

這些規定說明，秦代注重運用法律手段來管理貨幣，並充分保證統一貨幣政策的實施。

秦始皇統一中國後，除了廢除戰國時期刀、布、貝等貨幣形態，對貨幣制度進行了改革，並為此而發佈過不少各種形式的律令。其中以《金布律》、《關市律》和《效律》最為有名，而且影響最大。

《金布律》是一九七五年十二月湖北省雲夢縣睡虎地秦墓出土的睡虎地秦墓竹簡之一，共十五簡。《金布律》是秦國關於貨幣、財物方面的法律，它對於瞭解秦時的貨幣制度及物價可說極為重要。

《金布律》的「金」，即指黃金或銅；「布」，即指刀布或布幣。「金布」即是錢幣的通稱。因此，《金布律》就是當時的錢幣的幣法。

秦始皇用《金布律》賦予貨幣無上權力，詳細規定了官府管理貨幣的責任。還有關於以布帛作為貨幣的標準，以及錢、布換算的比例等。

《金布律》中規定：官府收入的錢幣，皆應以一千錢裝為一畚，這裡的畚就是一種用竹淺薄草製作而成的容器。

圓錢通行 秦統一貨幣

這種規定和後來人們使用的保險櫃的辦法相近。可以想見，用畚作為固定貨幣器皿，錢庫裡的貨幣就可以用畚儲存起來。

容器外邊還必須用主管丞、令的印章進行封緘。如果有不足一千錢的，也就是它的尾數，也必須同樣封印。

不管錢質的好壞，都必須裝在一起。動用時必須先將印封呈縣丞、令檢查，看它是否封存完好。然後才能夠啟封。

老百姓在交易使用中，不論錢的質量是好是壞。都要一起流通，不准挑選。這是因為，集中鑄造的錢幣本來就有厚薄好壞，為了統一幣制，並且限制全國人民只用一種法定的錢幣，所以要有這樣的規定。

從這些規定中，人們也可以看到秦代的貨幣是由當時的朝廷統一鑄造，用以限制人民的選擇餘地。

《金布律》成為中國最早的貨幣法令，而秦半兩外圓內方的形態被秦後兩千多年的封建社會所沿襲，可見其影響之深遠。

《關市律》是一九七五年十二月湖北雲夢睡虎地出土秦簡之一，只有一簡。《關市律》是關於管理關和市的稅收等事務的法律。

《關市律》中還規定：「為作務及官府市，受錢必輒入其錢缿中，令市者見其入。不從令者，貲一甲。」

這句話的大意就是說：商販手工作業出售商品，或替朝廷出售貨物時，所收的錢必須投入「缿」中，並且要使買者

看見投入。這種「缿」只能投入，不能取出。如果不按照這個規定，就要罰一副鎧甲。

《關市律》的這項規定，是一方面杜絕營業人員的貪汙，一方面防止以劣幣換取好幣，從而擾亂市場，擾亂統一的貨幣制度和人們對貨幣的信任。

《效律》是一九七五年十二月湖北省雲夢縣睡虎地秦墓出土的睡虎地秦墓竹簡之一，共六十一簡。《效律》是關於財務方面的立法。

貨幣歷來和財務關係密切，即是在經濟水平還很落後的秦代也不例外。規定了對核驗縣和都官物資帳目作了詳細規定，律中對兵器、鎧甲、皮革等軍備物資的管理尤為嚴格，也對度量衡的制式、誤差作了明確規定。

《效律》中就有一條這樣規定：會計不合法律規定，帳目記得很不清楚，或者是還有餘額、缺額，就要按照《效律》中的相關規定予以處罰。

關於會計核算立法，秦律的《法律答問》中還有這樣一條：會計上的「大誤」是算錯了六百六十錢以上，如果沒有超過這個數目，算是「小誤」。從這種規中，人們能夠看出秦代會計制度的嚴密。

**閱讀連結**

自秦國商鞅變法以來，直至秦朝建立以後，非常重視加強經濟立法。秦始皇統一以後，把秦國原有的法律、法令推

行到全國各地，使全國的法制統一到秦國法制上來。同時又頒布一系列新的法律、法令。

秦簡中就有大量經濟法規，內容涉及農、牧、工、商等各個領域。其中市場貿易管理方面，為維護正常的貿易，秦代制訂了有關商品價格、貨幣比價、度量衡誤差限度等法令。如《金布律》、《關市律》等。

# ▋秦幣統一的意義

秦始皇在統一六國後，確定統一法律、度量衡、貨幣和文字，廢除了戰國後期的六國舊錢，在戰國秦半兩錢的基礎上加以改進，圓形方孔的秦半兩錢在全國通行，結束了戰國以前貨幣形狀各異、重量懸殊的雜亂狀態。

幣制的統一，大大地便利了全國各地之間的商品交換和經濟往來。它既有利於封建國家的賦稅徵收，也為商品經濟發展提供了方便，同時促進了遼闊疆域內經濟共同體的形成。

秦始皇統一貨幣，促進了商品流通，有利於鞏固政權，加強了民族融合。在中國古代歷史上是一個偉大的壯舉。

■秦代半兩錢

秦代統一貨幣，適應了歷史發展的需要，是順乎歷史發展潮流的，是進步的。秦始皇為了統一大業所推行的貨幣改革措施，具有以下三方面歷史意義。

　　第一，促進了商品流通。早在「戰國七雄」的割據時期，關卡林立，貨幣制度十分複雜，光幣種就達到了一百多種，貨幣之間的轉換也十分煩瑣，給各國間的貿易往來帶來了不便，阻礙了各國經濟的發展，同時也阻礙了社會生產力的發展。

　　戰國時期，東方六國先後經過變法改革而實力大增。相比之下，地處關中的秦國政治保守，經濟落後。為求生存，秦孝公重用商鞅，厲行變法。當時秦國迅速鑄行銅質圓錢，以適應農業和手工業發展的需要。

　　西元前二二一年，秦始皇兼併六國，統一了中國後，進行了一系列政治、經濟改革，統一貨幣形制就是其中重要的一項。

　　在秦國統一之初，大量鑄幣缺乏力量，各國原有舊幣一時也難以禁絕，所以秦國初年仍維持著原來貨幣舊狀。

　　西元前二一〇年，秦始皇頒布貨幣改革法令後，朝廷進一步掌握了鑄幣權和發行權，中國古代鑄幣的形制第一次得到統一。

　　從此，秦代的商品交易逐漸繁盛，貨幣統一對發展經濟造成了立竿見影的效果，農業和手工業迅速發展，商品流通進一步擴大。

圓錢通行 秦統一貨幣

　　第二，有利於鞏固政權。秦代統一幣制既有利於加強朝廷財權，便於朝廷賦稅的徵收，也可以從財權、財力上防範六國殘餘勢力利用其原來的貨幣破壞秦國的經濟發展和社會安定，防止地方割據。

　　戰國時期，六國的貨幣都不同，貨幣不統一，經濟就不能統一，而且戰國時期的貨幣制度還有一個弊端，就是誰都可以造錢。

　　秦始皇在全國統一貨幣，就掌握了朝廷的經濟命脈。把各種貨幣統一起來，是維護朝廷集權政體必不可少的手段之一和條件之一。

　　統一幣制的核心是「貨幣朝廷專鑄」，就是把貨幣鑄造權、發行權以及貨幣流通管理權，用貨幣立法形式，收歸朝廷掌管。

　　為了防止東方諸侯殘餘勢力的擴張，秦始皇統一幣制，強化經濟，就成為了當時的一項加強政治統治的有力措施。因而，統一貨幣是秦王朝統一政策的重要組成部分，具有重大政治意義。

　　秦始皇統一貨幣，克服了以往因諸侯割據造成的貨幣雜亂，大大便利了全國各地的商品交換和經濟往來，也有利於封建朝廷的賦稅徵收，促進了經濟發展。這是鞏固全國政治統一的重要條件。

　　這一盛舉開創了中國古代貨幣史的新紀元，使中國古代貨幣進入規範化、標準化的軌道。由於這種統一的圓形方孔

錢容易貫穿，攜帶方便，磨損率低，從此成為中國封建王朝銅幣的主要形式。

第三，加強了民族融合。秦代的貨幣統一，為各民族之間的交流創造了有利條件，促進了民族團結和民族融合。

秦始皇統一六國之後，統一了貨幣，使得朝廷文明萬宗歸一，形成了朝廷文明的正源，實現了華夏文明的大一統，確立了中華民族以整體的雄姿屹立在世界的東方。

從此以後，黑頭髮、黑眼睛、黃皮膚的華夏子孫在潛意識裡烙下了「只有統一才合理」的印記。以後的歷朝歷代，直至今天，每個中國人都把這種意識作為朝廷存在的最基本的標準，不論出現任何原因的分裂局面都會被最終統一。

中國疆域與歐洲總面積不相上下，但是歐洲卻一直都是眾多朝廷的組合，中國之所以沒有出現歐洲那樣的諸多小國，與秦代統一後形成的「大一統」意識是分不開的。

在中國的歷史上，統一時期佔據主流，分裂內亂終歸統一。強盛的中國全部是統一時期，貧弱的中國全部是分裂內亂時期。可以肯定的是，秦始皇統一貨幣，奠定了華夏統一團結的公眾認可模式。

總之，秦代貨幣的統一，大大地便利了全國各地之間的商品交換和經濟往來，為商品經濟發展提供了方便；有利於封建朝廷的賦稅徵收，鞏固了新興的朝廷政權，加強了民族融合，促進了遼闊疆域內經濟共同體的形成。

**貨幣歷程：歷代貨幣與錢幣形式**

圓錢通行 秦統一貨幣

## 閱讀連結

戰國時期，各國的度量衡制度很不一致。秦統一後，秦始皇以原秦國的度、量、衡為單位標準，淘汰與此不合的制度。

秦王朝在原商鞅頒布的標準器上再加刻詔書銘文，或另行製作相同的標準器刻上銘文，發至全國。與標準器不同的度、量、衡一律禁止使用。

在田制上，秦王朝規定六尺為步，秦時一尺約合今二十三·一釐米，兩百四十步為一畝。這一畝制以後沿用千年而不變。

# 天地乾坤 半兩與五銖

西漢成立後，漢武帝劉徹確立了五銖錢制度，無論銅錢的實際重量大小，在名稱上依然沿用秦代「半兩」之名。漢半兩錢前後鑄行五次。因漢初私鑄之風甚盛，半兩錢越鑄越小。

漢武帝時期發行的五銖錢，開啟了漢五銖錢的先河。五銖錢在兩漢始終一統天下，直至唐高祖時罷廢，盛行了七百年，從而奠定了中國圓形方孔的傳統。

五銖錢是中國古代錢幣史上使用時間最長的貨幣，也是用重量作為貨幣單位的錢幣，在中國五千年的貨幣發展史上具有一定影響。

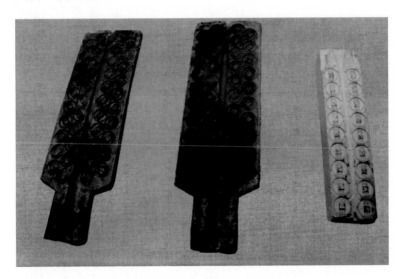

# ▌漢初鑄造半兩錢

■四銖半兩銅母範

　　半兩錢始用於戰國時期的秦國，稱之為「戰國半兩」。秦統一六國後，統一的貨幣仍以半兩為名，又稱之為「秦半兩」。秦滅以後，劉邦建立了漢朝。漢承秦制，貨幣制度也一如其舊。因漢代最初沿用秦代半兩，故稱為「漢半兩」。

　　漢初仍襲用秦的半兩錢制，但漢高祖劉邦為解決軍費開支，採取權宜之計，貨幣減重並允許私鑄，結果形似榆莢的「榆莢半兩」大幅減重，「半兩」已名實不符。

　　允許私人鑄錢，結果鑄錢者為獲得暴利，普遍減輕錢的實際重量，往銅中摻雜鉛鐵，使得劣幣橫行，物價飛漲。

　　漢初因戰爭創傷，社會生產力遭到極大破壞。在這種情況下，秦半兩幣值過重，流通不便，不利於國民經濟恢復的

弊端就顯現了出來。於是，漢高祖劉邦下令減重鑄造漢半兩，以解決財政開支。

西漢初年鑄造的錢仍然沿用秦代叫法，稱為「半兩」。但由於錢的方孔太大，周邊像四片榆莢合成，所以當時民間稱之為「榆莢半兩」或「莢錢」。

這種錢比較標準半兩，甚至秦二世時的減重半兩錢，重量已大大減輕。即使如此，朝廷所鑄的錢仍不敷所用。於是漢高祖又允許民間自鑄莢錢，以發掘民間潛力，借助市場的力量自行增加貨幣供應量。

莢錢面值較輕，因而流通順暢，特別適合於在特殊困難時期普遍貧困的平民使用。

然而由於鑄幣權下放到私人手裡，沒有形成統一嚴格的管理，導致各地所鑄貨幣形制各異，沒有統一的標準。再加上前朝流弊猶存，各種不同樣式、輕重的錢幣同時在市場上流通，令百姓不知所從，貨幣的信用度很差。

還有一部分人借鑄幣牟利，在造幣過程中摻假，隨心所欲地偷換鑄幣原材料、任意減重、大量濫造，更加重了惡錢的泛濫，加重了百姓對貨幣的不信任感。

當時，長安城中一部分不法商人為了發國難財而囤積居奇，肆意哄抬物價，再加上惡錢泛濫所造成的貨幣貶值，引發了嚴重的通貨膨脹。

據《漢書》記載，當時一石米的價格竟與五百克黃金等價，而一匹馬則要百金，也就是一百萬錢。由此可見，當時的通貨膨脹率有多高。

天地乾坤 半兩與五銖

　　其實，漢初頒行莢錢，固然是為了方便在戰亂中喪失財產的百姓自救；另一個原因是，由於漢朝開國時的地方六十二個郡中，直接掌握在朝廷手裡的只有十五個郡，其餘全部分給異姓或同姓諸侯王作為封國。

　　由朝廷直接掌控的這十五個郡，真正富有銅礦的地區很少，反而是南方的吳、楚兩大藩國銅山盛布，南北礦產資源的分佈很不均勻。

　　朝廷要鑄錢又缺少銅料，於是只好以「秦錢重難行」作為財政困難、原料不足的緣由。一面大量回收舊幣，銷毀化為鑄幣的銅材；一面鑄造耗用銅材量較少的輕錢。

　　一般認為漢初官鑄的半兩錢，錢重只有三銖左右，僅及標準半兩錢重的四分之一。民間私鑄之錢，製作更為粗劣，錢重與官鑄錢也有差異。

　　朝廷允許私鑄舉措僅是應急之舉，雖然可解一時的燃眉之急，但也會助長民間盜鑄錢幣的歪風，終究不是長久的解決辦法。

　　果然在西元前一八六年，漢朝朝廷終於忍無可忍，不得不出手整頓混亂不堪的貨幣市場。

　　西元前一八六年，漢朝朝廷決定加重貨幣來提高幣值，由朝廷鑄八銖錢。

　　由於與南越及匈奴作戰，軍費開支大增，又重新實行貨幣減重，行五分錢。所謂五分，就是半兩的五分之一。

漢高祖末年和呂后時曾禁民私鑄錢。漢文帝改鑄四銖錢，並廢除了禁止盜鑄的法令。

如何穩定貨幣，健全錢法，是漢初朝廷所面臨的一個十分重要的經濟課題。這一問題，在漢武帝時期經過艱難探索，最後才得以比較妥善的解決。

## 閱讀連結

秦代末年陳勝起義，各地響應，劉邦在秦的沛縣也扯旗造反。當時，蕭何、曹參等輔佐劉邦起義，推劉邦為沛公，征發沛縣子弟，得到士兵三千人，投奔項梁，項梁又給劉邦兵五千餘人，大將十人。劉邦從此就成為項梁部下的主力軍了。當劉邦率眾軍進駐咸陽時，蕭何送了劉邦五枚秦半兩。當時的秦半兩鑄錢已經不多了。

大概當時取與之間常常就是幾個錢。劉邦後來封蕭何酇侯，食邑也多。這大概也有他當初多奉送兩枚秦半兩的因素。

# ▊漢武帝改幣探索

■漢武帝劉徹畫像

　　漢武帝憑著文景時期的積蓄，開始了對匈奴的長期戰爭，以至於朝廷財政支出大增，經濟面臨困難局面。為了擴大財政收入，支援戰爭需要，漢武帝進行了財政改革，幣制改革則是其中的一次探索。

　　漢武帝統治時，為了遏止私鑄，就頻繁地下令進行錢幣改鑄。以後，他又將冶鐵、煮鹽和鑄錢等權力全部收歸官營，從而打擊了富商大賈和地方上豪強權貴的割據勢力，開闢了更廣泛的收入來源。

　　漢武帝曾根據御史大夫張湯的建議，發行了流通時間不是很長的白鹿皮幣和金幣，還鑄造了三銖錢。這些大膽探索，為後來漢五銖錢的出現積累了經驗。

漢代經過漢文帝、漢景帝兩朝四十年左右時間的勵精圖治，政治穩定，經濟生產得到顯著發展。

當時京城存錢有萬萬之多，由於存放太久，連串錢的繩子都腐爛掉了，以至於無法計數。糧倉裡的陳糧又壓上陳糧，裝不下就只得堆積在倉外，很多糧食都因此而腐爛不能再食用了。

漢武帝繼位後，由於匈奴屢屢犯邊，漢武帝多次發動大規模對匈奴的戰爭，耗資巨大。於是，決定用更改幣制的辦法來解決國用。西元前一一九年，漢武帝決定正式製造白鹿皮幣和金幣。

在當時，御史大夫張湯向漢武帝提議說：「白鹿是一種吉利的象徵，用它的皮製成貨幣，一定可以為朝廷帶來吉祥。既然皇帝的狩獵場中有白鹿，可以就地取材，用白鹿皮造出皮幣來，這比起開礦取銅製幣來說簡單多了。而且皮幣的價值可以由朝廷自行規定，在經濟流通領域中的作用很可能會更大些。」

這一提議正和漢武帝的心思。

皮幣用一尺見方的白鹿皮做成，四周繪飾有華麗的彩色繡紋，每張價值四十萬錢。比如皇親國戚以及諸侯等向天子敬送玉璧時，必須用這種皮幣鋪墊，才能算作禮物，儀式方得以舉行。

鹿在古代是宮苑中蓄養的珍貴動物，白鹿更是漢武帝宮苑中所特有的。用白鹿皮製幣，確實很難偽造。這種做法，不失為加強朝廷財力，打擊諸侯王的一種有效手段。

發行白鹿皮幣作為打擊諸侯王，加強朝廷財力的手段，起過一定的積極作用。因為白鹿皮幣造價太高，流通不廣，所以也不能真正發揮貨幣的作用。因此不久便廢止了。

白鹿皮幣只有方尺大小，它本身並沒有什麼價值，實在算不上什麼實物貨幣。嚴格說起來，它甚至還不能稱為完全意義上的貨幣。

漢武帝在發行白鹿皮幣的同時還發行了金幣。西漢的黃金貨幣大多是餅塊形狀，大小不等。這種餅塊狀的黃金貨幣，根據交易的需要，可以任意切割，仍處在比較原始的稱量貨幣階段。

漢代的黃金是朝廷規定的法定貨幣。

當時，黃金貨幣使用的地域幾乎遍及全國，此已為考古資料所證實。河南扶溝縣、西安漢上林苑、江蘇盱眙南窯莊、遼寧新金縣等地出土的黃金貨幣，都有「上」字。

很顯然，這個「上」字與漢代稱黃金貨幣為「上幣」有關。漢代的黃金貨幣是法定的「上幣」，流通地域較廣。

但由於當時政策的失當，如銀錢比價不合理，銀錫雜鑄而無確切的比例等，被盜鑄者鑽了漏洞，老百姓對金幣並不信任。所以，雖然金幣的發行符合貨幣發展的趨勢，但還是沒有逃脫被廢棄的命運。

白鹿皮幣和金幣雖然使用的時間很短暫，然而在中國貨幣史上卻有著重要意義。白鹿皮幣可以說是中國古代紙幣的前驅，金幣則是中國法定銀幣的源頭。

白鹿皮幣和金幣廢止以後，漢武帝於西元一一九年冬，又下令廢止了漢文帝時期鑄造的四銖錢，更改為鑄三銖錢。

三銖錢錢徑為二‧三釐米，穿徑為〇‧八釐米，厚〇‧一五釐米，重二‧五克，三銖錢「銖」字的「金」旁上呈三角形，下是王字直筆至底為一橫，背平無輪廓，成為三銖錢獨有的一大特徵。

當時，由於新鑄的錢和過去的錢，錢文都為半兩，同在市場上流通，大小、輕重、優劣不一，用輕錢時需再加若干，交易很不方便。再加上諸王、達官、豪富大量私鑄牟利，嚴重影響了社會的生產和交換，也不利於朝廷的統一。

三銖錢雖然僅僅鑄行了幾個月，成為中國古代貨幣史上流通時間最短的貨幣，但它在從半兩錢制向五銖錢制演變的過程中，具有舉足輕重的作用。

漢武帝想透過更換貨幣的辦法來緩解當時出現的財政危機，但因地方私鑄泛濫，劣幣大量充斥市場，造成貨幣混亂的局面，並沒有能達到預期的效果。但這些探索性改革，為漢五銖錢的出現積累了一定的經驗。

**閱讀連結**

張湯提出造白鹿皮幣，主要是為了讓朝廷的財政收入寬裕些，趁勢讓朝廷壟斷鹽鐵的經營權。

白鹿皮幣一經推出，首先引起了顏異的質疑和責難。

顏異是當朝的大司農，掌管租稅錢穀鹽鐵和朝廷的財政收支，是九卿之一。張湯是古代著名的酷吏，他的新幣主張

經顏異的質疑和責難竟成了無甚高見的下策。這位酷吏此後一直尋思著如何反戈一擊，最後找個理由把顏異除掉了。

從此以後，張湯開創了一個腹誹治罪的先例：口裡不言心中譏笑的也要治罪。

# ▌漢五銖錢的問世

■西漢陰文五銖錢範

漢武帝為了整頓財政，曾在西元前一一九年整頓過一次貨幣，但效果不好。因此，西元前一一八年就放棄了三銖錢，在桑弘羊的主持下，開始統鑄五銖錢。

漢武帝鑄五銖錢的目的在於解決奸鑄嚴重，主要是改幣式、幣文，提高成錢難度，抑私撬盜鑄，變動幣重，以求能夠合於流通的需要。事實上，五銖錢確實造成了這樣的作用。

從史書的記載看，漢代在發行了五銖錢以後，錢幣使用得更加廣泛，流通的渠道也更多了。

西元前一一八年，漢武帝詔令各郡國鑄行五銖錢，稱為「郡國五銖」。因其鑄行於元狩年間，又叫「元狩五銖」。

郡國五銖錢與以前諸種西漢錢幣有著明顯區別，主要區別在以下幾個方面：

一是增加錢重，法重五銖。郡國五銖錢以前的三銖錢較輕，這為私人偷鑄貨幣提供了利潤空間。因此，新的郡國五銖錢重量明顯增加。

二是面背增加周廓。當時郡國經驗證實，漢王朝認識到，三銖錢或四銖半兩錢式雖提高了成錢難度，但仍不能抑制私鑄盜鑄。因此，自郡國五銖起，開始用成錢難度更大的面背皆有廓的特定錢式。

三是以規範的長體漢篆為幣文書體。漢景帝鑄四銖半錢時，就一改西漢傳統的隸書風格幣文為較為規整的長體漢篆。到了郡國五銖錢時，則正式採用規範化的長體漢篆「五銖」為其幣文，其文筆結構更為嚴謹，書體筆畫極其工整，字體修長挺拔，提高了刻範、澆鑄的工藝技術要求。

四是「文如其重」。漢初以來一直採用鑄行虛值貨幣的政策，漢武帝鑄行三銖錢時，就開始逐漸採納「文如其重」思想，試行足值貨幣以求維持朝廷鑄幣信用，抑制劣奸錢，便民使用。到了郡國五銖的鑄行，則宣告西漢傳統的虛值幣制結束，用「文如其重」的五銖錢，以求解除西漢貨幣的信用危機。

天地乾坤 半兩與五銖

　　經過漢武帝的這次貨幣改革，新的貨幣，即郡國五銖錢上，錢文為「五銖」，小篆書，光背，正面有輪無廓，背面則輪廓具備。

　　郡國五銖錢的直徑二・五釐米左右，重約三・五克至四克。「五」字交筆斜直或有彎曲；「銖」字的「朱」字呈方折型，「金」字頭較小，彷彿如一箭鏃。少數錢上有一橫劃。其材料改用紫銅，因而有「發紺錢」之稱。

　　郡國五銖錢的出現，對於打擊私人鑄造貨幣造成了一定的作用。

　　漢武帝時期後續的幣制改革中鑄造的上林三官錢，則是在桑弘羊的主持下開展的。

　　桑弘羊為漢武帝時大臣。自西元前一二〇年起，終武帝之世，桑弘羊歷任大司農中丞、大司農、御史大夫等重要職務，深得漢武帝寵信。他曾參與和主持了西漢王朝財政的多項改革，其中由他統鑄的五銖錢意義深遠。

　　西元前一一三年，為了徹底整頓貨幣，漢武帝採納了桑弘羊的意見，決定深化貨幣改革。

　　當時，桑弘羊的意見主要是：

　　取消郡國鑄錢的權利，由朝廷指定掌管上林苑的水衡都尉下屬鐘官、技巧、辨銅三官分別負責鼓鑄、刻範和原料；

　　郡國把所鑄的舊錢銷毀，把銅送至朝廷；

　　廢除過去鑄的一切錢幣，而以上林三官鑄的五銖錢為全國唯一通行的貨幣。

漢武帝採納了桑弘羊的意見。

漢武帝令天下非三官錢不得行，舊幣一律廢罷，並責令各郡國將以前所鑄的錢一律銷毀，所得銅料輸給三官。新幣選料嚴格，以銅範為母範翻鑄之錢大小、式樣一致，真正做到重如其文。

於是，在桑弘羊的主持下，漢朝廷決定克服過去鑄幣權不統一，貨幣名義價值與實際重量不一致這兩大弊端，進行徹底的幣制改革。

在當時，水衡都尉的屬官鐘官掌管鑄造，技巧負責刻範，辨銅負責原料供應及檢驗銅的成色。這種新幣名為「三官錢」，又稱「上林三官錢」。

這種五銖錢的大小、輕重適中，製作精細，有外廓可保護錢幣不被盜磨，利於流通和長久使用。

上林三官是漢代主持鑄造錢幣的官員，由他們所鑄規格整齊的五銖錢是錢幣學與考古學上重要的分期代表，因而歷來為人們所重視。

上林三官五銖錢錢文嚴謹規矩，「五銖」兩字修長秀麗，風格較為一致。

「五」字交筆緩曲，上下與兩橫筆交接處略向內收。「銖」字「金」字旁有三角形、箭鏃形兩種，四點方形較短。「朱」字頭方折，下垂筆基本為圓折，頭和尾與「金」字旁平齊，筆畫粗細一致。

# 貨幣歷程：歷代貨幣與錢幣形式

天地乾坤 半兩與五銖

　　上林三官五銖錢錢型整齊，直徑為二 · 五釐米至二 · 五五釐米，穿直徑〇 · 九七釐米，厚一 · 五釐米至〇 · 二釐米，比郡國五銖的廓略寬，而且深峻平整。錢的背面有內外廓，個別內廓四角微凸。

　　上林三官五銖錢的重量以三 · 五克至四克者為多，少數的超過四克。

　　上林三官五銖錢鑄工精細，面背比較平整，內外廓寬窄均勻，規矩整齊。幣材的顏色為紅色，含銅量達到百分之七十以上，含鉛量約百分之二十，比郡國五銖略低，但配比合理，物理性能好。

　　上林三官五銖錢的鑄造工藝先進，多為銅範或製作極精細的泥範所造。三官錢形制及「朱」字頭方折的特點，系由三銖錢繼承而來，進而成為此後西漢時期五銖錢基本特徵。

　　初期的上林三官五銖錢重量超過五銖，製作之精美前所未有，而且鑄錢技術採用銅範法，鑄出的錢幣重量上都是一致的，絕對合乎標準，鑄出的錢邊緣都加以打磨，非常整齊。

　　上林三官五銖錢發行三十一年後，漢武帝去世。在此期間，鑄成的錢數量很多，錢的範式也有變化。比如文字的大小、書法結構都有出入。至於穿上半月、穿下半星、穿上下橫、星月文等可能是識別的標誌。

　　上林三官五銖錢不惜工本，私人鑄造很難，無利可圖，禁令又很嚴格，所以盜鑄之風一時衰息。貨幣混亂的問題終於獲得解決，幣值得以長期保持穩定。這是中國古代歷史上

第一次把鑄幣權統一收歸朝廷，沒有強大的朝廷力量不可能做到這一點。

這次幣制改革，是中國歷史上第一次將鑄幣權完全收歸朝廷的一次創舉，它使五銖錢成為質量穩定的錢幣，一直流通至隋末，七百餘年間通行不廢。這與漢武帝和桑弘羊的功勞是分不開的。

## 閱讀連結

在眾多五銖錢中，寶文中的異書現象在門類眾多的古錢幣中可謂獨樹一幟。

如有的寶文是三五一銖，有的是兩五一銖等。還有些五銖錢在寶文上是簡化了的，但同樣是五銖錢形制。如「五金」、「五十」、「五泉」、「銖銖」等。還有一些帶吉語文的，如「五銖大吉」「宜官秩吉」等。還有陽文或陰文等。

對於上述文字的含義，有的是記地點，有的是記人名，有的可能是爐別暗記或記數，還有的可能是行用地所鑿之記號。

# ▌兩漢五銖錢的變化

■用麻繩穿成串的五銖錢

漢武帝時期鑄行的五銖錢，不但是中國歷史上在秦始皇之後的第二次幣制的統一，而且五銖錢在兩漢期間的變化，也是中國古代貨幣發展歷史上一件極為突出的大事。

鑒於幣制混亂和鑄幣失控後引起的吳楚叛亂等嚴重後果，漢武帝在統治期間先後進行了六次幣制改革，才使漢初以來一直未能解決的貨幣問題得到比較徹底的解決。

從漢武帝時期至漢平帝元始年間一百二十年中，共鑄成錢兩百八十億枚五銖錢。這些五銖錢版式與重量雖然不盡相同，但它們都被稱為五銖錢。漢五銖曾經為兩漢的經濟發展，發揮了積極的作用。

漢昭帝年間，一切以謹慎守成為主，對外戰爭大致已結束，對內則鼓勵生產，經濟狀況比武帝末年還要好。漢昭帝五銖大小和武帝時三官五銖相同，但重量要比三官五銖輕，一般又比漢宣帝五銖略重。

從書法上看，漢昭帝五銖的錢文「五」字變化較大，一般字形瘦長，「五」字兩邊交筆已變彎曲，兩股末端有明顯的收斂，上下橫有的較長而接於外廓。

「銖」字「朱」字頭方形，「金」字旁呈三角形，明顯低於「朱」字。面文外廓較窄，但比郡國五銖及三官五銖略低，有穿上一橫或穿下半星記號。銅色深紅，鑄造技術比三官錢略顯粗糙。

漢宣帝時期，吏治清明，四海無事，國泰民安，物富年豐，是西漢的黃金時期。同時對外貿易也很發達，也是西漢發展的最高峰。因此，當時可以說是年年鑄錢，很快發行出去，又很快回流到國庫中來。

漢宣帝末年，國庫中存錢八十多億。漢宣帝五銖是漢宣帝在位期間鑄行的。該錢銅質、形制、書體、鑄造均已達到盡善盡美的程度。

漢宣帝五銖錢文筆畫挺拔，給人以清秀超逸之感。「五」字交筆彎曲，上下橫畫超出交筆末端外，「銖」字的「金」頭多呈等腰三角形而低於「朱」字。

此外，當時的五銖錢還有一個特徵，就是錢的外廓由外向內作坡狀傾斜。錢直徑有〇‧二五釐米和〇‧二六釐米兩種，最常見的廓厚〇‧一五釐米，寬〇‧一釐米，重三‧五克左右。

在兩漢五銖中這種錢的面廓最寬。其形制整齊，肉麵光潔，錢內外廓略高於錢肉，薄厚一致。漢宣帝鑄錢以工整敦厚著稱，在西漢五銖錢中地位極高。

天地乾坤 半兩與五銖

西漢後期至漢成帝與漢哀帝時期，社會矛盾尖銳，災荒相繼，幣制也隨之混亂，剪輪五銖就在此時開始出現的。剪輪五銖是幣制混亂時代的產物。

另外，根據考古資料可以推斷，漢代還鑄造過少量的金質五銖錢。

一九八〇年，陝西省咸陽市土原下發現金質五銖一枚，錢直徑二‧六釐米，厚〇‧〇二釐米，重九克，面背均有廓，正面外廓較背部稍寬，面穿方正，上有橫畫。

「五銖」兩字小篆書文工整，「五」字交筆處彎曲，上下兩橫較長，「銖」字的「朱」字頭方形，「金」字頭呈三角形，製作精美，色澤金黃，被考古學家稱為稀世珍品。

漢武帝時期的五銖錢在王莽時遭到了全部破壞。在歷史上，王莽是「託古改制」的歷史怪人，所以他的幣制也一定要仿照以及恢復「古制」。

八年間，王莽的貨幣政策出爾反爾，四改幣制，造成經濟混亂，失信於民。王莽貨幣多次改制是政治、經濟動盪的反映，但王莽時期的鑄幣工藝卻有相當高的水平。傳世的新莽鑄幣製作精美，錢文纖細，呈「垂針篆」，極為後世所珍視，其中金錯刀之「一刀」兩字金光熠熠，更是難得的珍品。

東漢光武帝重鑄五銖錢，改由太僕屬官考工令主管，郡國也可鑄造。此時東漢所謂恢復的五銖錢既不是西漢的五銖錢，也不是沿用王莽的更始五銖錢，而是完全重新鑄造的「東漢五銖」。

當時西漢五銖久已停鑄，加以盜鑄猖獗，所以馬援主張新鑄五銖錢。它直徑為二‧五釐米，重三克至三‧四克，邊廓較窄，銅色赭紅，「五」字交筆彎曲；「朱」字頭圓行，中豎兩頭變細；「金」字的點變長。

漢靈帝時又鑄四出五銖錢，稱為「角錢」。所謂「四出」，是指錢幕從方孔的四角向外引出一道陽文直線到達外部，這可能是為了防止銼磨錢背盜銅用的防範技術。

東漢靈帝中平三年鑄的四出五銖比一般東漢五銖鑄造得要好，錢的重量也要重一些。四出五銖的直徑為二‧五釐米，穿徑約〇‧八釐米，廓厚〇‧一五釐米，重三‧六克至四克。

漢獻帝時，董卓曾經一度執掌東漢大權，他在掌權期間，也曾對幣制進行了變革。

董卓幣制改革的主要措施是破壞五銖錢，更鑄小錢。當時董卓的幣制改革帶有明顯的財產掠奪特徵，他取洛陽及長安銅人、鐘虡、飛廉、銅馬等物，盡數鑄造成為小錢。

董卓所鑄小錢的特點是無內外廓，「五銖」兩字很難辨認，因此被人譏稱之為「無文」。該錢堪稱中國貨幣史上最劣質輕賤之小錢。此次幣制改革，是對漢王朝五銖錢制的再度破壞。

**閱讀連結**

西漢錢幣中有一種冥錢，後人習慣上稱之為「雞目五銖」。

　　其面文「五銖」，鑄造精美，文字清晰。「五」字交股有的較直，有的略彎，也有的彎曲甚大，形制上有的穿上橫畫如三官錢式，也有如五銖最常見的面內無廓的一種。

　　雞目五銖的錢直徑在一‧一五釐米至一‧二釐米之間，重約〇‧六二克至〇‧六五克。

　　錢文書體也與漢武帝、漢昭帝、漢宣帝三代各有區別。這說明雞目五銖並非一朝所鑄，也同普通五銖一樣，分別鑄造於武帝以後的西漢各個時期。

# 五銖錢歷史沿革

■中國古代流通時間最長的貨幣五銖錢

　　五銖錢是中國古代貨幣史上流通時間最長的貨幣，從漢武帝時期開始到唐高祖時廢罷，流行了七百多年。在此期間，先後有十多個王朝和政權，二十多個帝王鑄行過五銖錢。

　　魏晉南北朝時期，不同的經濟基礎和社會形態，導致不同的貨幣流通形勢。隋文帝受周禪即位建隋後，於西元五八一年鑄行統一的標準五銖錢，文曰「五銖」。這是中國

歷史上最後一次鑄行五銖錢。隋五銖，史稱「自是錢貨始一，所在流布，百姓便之」。

　　唐王朝建立後，迅速發表了自己的鑄幣政策，行開元通寶錢，並確立其朝廷鑄幣的法幣地位。五銖錢從此退出歷史舞台。

　　魏晉南北朝時期的社會動亂，金屬貨幣的流通範圍減小，而且形制多樣，幣值不一，出現了重物輕幣的現象。

　　三國時期的曹魏實行的實物貨幣政策，魏明帝時恢復鑄行五銖錢，形制與東漢時期五銖相似。

　　魏五銖錢錢徑二・五釐米，重三・四克至三・五克。錢幣上的「五」字交筆彎曲，「朱」字頭圓行，外廓寬，字畫顯得比較肥大。

　　魏明帝時期鑄行的五銖錢，對經濟發展造成了一定的促進作用。

　　劉備入蜀後鑄造直百五銖錢大而厚重，後來鑄逐漸減重，最輕薄者，不足〇・八克。面文篆書「直百五銖」四個字，寄廓直讀，即價值「一百枚五銖錢」。

　　少數直百五銖背銘篆書「為」字，以示鑄地益州犍為郡，這是方孔圓錢中最早刻記地錢。常背鑄或背刻陰文和文飾，也有背鑄陽文，如「為」、「工」、「王」、「十三」、「七」等字或四出文。

　　兩晉是中國貨幣史上唯一沒有鑄造貨幣的朝代。西晉因為繼承的是曹魏，所以用的是魏國的五銖錢。

　　至東晉，大將軍王敦手下的一名叫沈充的參軍所鑄五銖錢，所以，這種錢幣又稱「沈郎五銖」。沈郎五銖的錢文「五銖」兩字橫讀，有外形。面有外廓。錢的直徑大概一‧九釐米，重一‧一五克。此錢製作工藝為模鑄，既輕且小，如同柳絮和榆莢。

　　區區一個小吏，卻有鑄幣行世的權力不難看出，東晉時期對於貨幣的管制是十分鬆弛的，估計自行鑄造地方貨幣的也不止沈充一個。

　　南北朝是中國歷史上的一段分裂時期，該時期幣制十分混亂，各個地方鑄造的五銖錢在形態、重量等方面都存在較大區別。

　　南朝宋國鑄造了一種大錢，這種大錢被稱為「當兩五銖錢」。當兩五銖錢直徑二‧七釐米，穿徑一釐米，厚肉，重五克，面文「五銖」文字粗壯，面有外廓無內廓，背有內外廓；錢重量均不同兩漢五銖錢。

　　南朝的齊國一直實行貨幣緊縮的政策，很少鑄錢。齊高帝蕭道成曾計劃鑄錢，但沒有實行。齊武帝蕭頤曾經派人到四川鑄銅錢，後來因為成本過高而停止。

　　南朝的梁國在梁武帝蕭衍建國之初即鑄行新錢，不僅製造銅錢，而且還製造鐵錢，當時的幣制相當混亂。

　　南朝的陳國鑄幣不是很多，史載僅鑄陳五銖、太貨六銖兩種錢幣。陳五銖也被稱為「天嘉五銖」，這種錢幣直徑約為二‧四釐米，重為三‧四克左右。

「五銖」兩字篆書章法稍異：「五」字交筆平直，形同兩個對頂等腰三角形；「銖」頭圓折而高出「金」頭，外廓較寬。陳五銖後來雖然貶值，但在南朝仍屬相對穩定、流通較廣的貨幣。

　　南朝陳宣帝陳頊鑄行一種新的錢幣太貨六銖，這種錢銅質優良，輪廓整齊，錢文瑰麗勻稱，鑄造精妙絕倫，居南朝之冠。

　　北朝的北魏孝文帝拓跋宏曾經在洛陽鑄行年號錢太和五銖。其形制與漢五銖類似。

　　太和五銖的錢體大小輕重不一，大者直徑二・五釐米，重三・四克；小者直徑兩釐米，重二・五克。太和五銖為北魏百年後的「第一錢」。

　　北魏宣武帝時曾改鑄永平五銖。永平錢版式複雜，大小輕重不一，大型者多為朝廷鑄造，小型者多為民間私鑄。錢直徑一般為二・二釐米至二・五釐米，重二・二克至三・二克；面文「五銖」，橫讀，製作比較工整。

　　北魏孝莊帝鑄永安五銖，共有三種：

　　一種是永安年間鑄行的光背錢；

　　第二種是永熙年間鑄行的背「土」字錢；

　　第三種是東魏孝靜帝於興和年間所鑄行的背四出文錢。

　　在這三種永安五銖錢中，以北魏孝武帝鑄行的背土字錢最具特色。該錢背部穿孔上方鑄有一個「土」字，「土」字

與背穿孔相連，正好組成一個「吉」字，所以當時又稱吉錢，人人佩戴，以為吉祥。

北周武帝宇文邕曾經三次鑄錢。西元五六一年鑄布泉；西元五七四年鑄五行大布和永通萬國。這三種錢幣形制精妙，筆法華美，素有「三大美泉」之稱，被譽為六朝錢幣之冠，在中國和世界的鑄幣史上均佔有重要地位。

北週三種貨幣均為方孔圓錢，錢文「布泉」、「五行大布」、「永通萬國」均為玉箸篆，筆畫肥瘦均勻，末端不出筆鋒，就像是用玉石製成的筷子寫成的，肥滿、圓潤、溫厚、勻稱。

布泉一枚當西魏五銖五枚，五行大布當布泉十枚，永通萬國又當五行大布十枚，即一枚永通萬國要合五百枚五銖錢。

北周靜帝鑄的永通萬國錢，「永通」是永遠通行，「萬國」表示天下萬國。可惜鑄行不到四年，就隨著北周的滅亡而被銷毀。

楊堅於西元五八一年在北周稱帝，改國號隋，這就是隋文帝。他曾經鑄行了一種合乎標準的五銖錢，並禁止舊錢的流通。隋代的五銖錢與前代相比，有著自己的特點，也有深刻的歷史意義。

隋代五銖面文上的「五」字筆畫挺直，與明顯的穿廓豎錢，組成一個橫寫「凶」字形，錢面外輪較漢五銖錢略寬。錢背外輪內廓肉厚，錢文清晰，形制莊重大方，有上承漢五銖，下啟唐開元錢幣鑄造風格。

隋代五銖錢幣厚薄、輕重、大小差異懸殊極大，有學者曾挑出三枚較為規範的隋五銖作對比，分別為外徑一·二釐米，重一·二三克；外徑二·二釐米，重一·九二克；外徑二·三釐米，重二·八七克。

隋代初期嚴格鑄行足值五銖，反映了隋文帝勵精圖治、使民休養生息的治國策略，取得了全國經濟的較大發展。

隋文帝頒布統一幣制，並強制推行。針對私鑄濫造錢幣情況，一律融化為銅，依法沒收。凡查出舊錢使用的地區，縣令要受到扣除半年俸祿的處罰。除此之外，隋代初期還嚴屬打擊參假使劣。

唐王朝建立後，迅速發表了自己的鑄幣政策。

西元六二一年，「廢五銖錢，行開元通寶錢」，確立了朝廷鑄幣的法幣地位。同時，唐代又繼承魏晉南北朝時期以絹帛為貨幣的傳統，實行了「錢帛兼行」的貨幣制度。

唐代不僅制訂了鑄幣官營、私鑄非法的法律，而且實行了由朝廷買斷銅、錫等鑄幣材料，不准私自買賣的政策，並配套發表了禁銅令、禁鑄銅器令、禁銷錢鑄器令等法令。這樣，五銖錢從漢武帝鑄造直至唐高祖時的西元六二一年廢罷，流行了七百多年。

在這七百多年期間，五銖錢還流傳到了西域。比如，鑄行於西域古龜茲國的一種通用貨幣龜茲五銖錢，龜茲五銖錢又稱「漢龜二體錢」，主要流通在今新疆以庫車為中心的一片綠洲地帶。

## 貨幣歷程：歷代貨幣與錢幣形式

天地乾坤 半兩與五銖

　　五銖錢是中國古代錢幣中的典範。從五銖錢的歷史沿革過程中，可以看到中國鑄造技術逐漸發展與朝廷的貨幣思想。因此，五銖錢具有的歷史價值是不言而喻的。

## 閱讀連結

　　五銖錢行早期是由郡國鑄造，待鑄錢權收回朝廷後，則由上林三官統一鑄造，形制規矩，鑄工精美，重量標準，記號統一。

　　但在後來的幾百年間，由於各種原因，使五銖錢的形制千奇百怪。如果官爐、私鑄加在一起，大小版別區別均考慮在內的話，目前已經面世的版別大約有幾百個。其形制有大、小、薄、厚，有廓無廓，穿大穿小，鑿穿、剪邊、磨廓等多種樣式。

　　各個王朝和帝王時期鑄的五銖錢，從形制上看雷同的很少，大多各具特色。

# 最早紙幣 交子與會子

交子是北宋發行的紙幣,先是私鋪發行,後來作為官方法定的貨幣流通。交子是中國最早由朝廷正式發行的紙幣,也被認為是世界上最早使用的紙幣。

紙幣交子比金屬貨幣容易攜帶,可以在較大範圍內使用,有利於商品的流通,促進了商品經濟的發展。

會子是南宋時發行的一種便錢,即匯票、支票之類的票據。南宋會子發行初期,由於朝廷措施得當,發行謹慎,尚能維持其幣值,後期則發行額大幅上升,導致其本身價值下跌,最後完成了其歷史使命。

# ▋北宋交子的產生

■宋代銅版印刷模具

　　中國北宋時期四川成都出現的紙幣交子，是世界上最早出現的紙幣。因此，中國是世界上使用紙幣最早的國家。中國宋代出現了世界上最早的紙幣交子，這絕非偶然。因為在當時，居於世界先進地位的宋代，已經具備了製造交子的條件，也就是得益於當時先進的印刷技術與繁榮的經濟。

　　交子的出現，便利了商業往來，彌補了現錢不足，是中國貨幣史上的一大業績。此外，交子作為中國乃至世界上發行最早的紙幣，在印刷史、版畫史上也佔有重要的地位，對研究中國古代紙幣印刷技術有著重要意義。

　　交子最初只是一種代替貨幣交易的信用憑證，即代金券。存款人把金屬貨幣交付給鋪戶，鋪戶把存款人存放現金的數額臨時填寫在用桑樹葉做的紙質的卷面上，再交還存款人。

當存款人提取現金時，每貫付給鋪戶三十文錢的利息，即付百分之三的保管費。這種臨時填寫存款金額的楮紙券就是交子。

　　北宋紙幣交子的問世，既離不開紙，更離不開印刷術。實際上，造紙和印刷術是中國古代的兩大發明。北宋時期的造紙術與印刷技術水平都有相當大的提高。

　　在宋代，各種加工紙品種繁多，用途日廣。當時的楮紙、桑皮紙等皮紙和竹紙特別盛行，消耗量也特別大。造紙用的竹簾多用細密竹條，這就要求紙的打漿度必須相當高，而造出的紙也必然細密勻稱。

　　以前在唐代用澱粉糊劑做施膠劑，兼有填料和降低纖維下沉槽底的作用。宋代則多用植物黏液做「紙藥」，使紙漿均勻，常用的「紙藥」是楊桃藤、黃蜀葵等浸出液，從而取代了唐代的澱粉糊劑。

　　宋代的印刷業十分發達，全國各地到處都刻書。北宋初年，成都印《大藏經》，刻版十三萬塊。

　　北宋朝廷的朝廷教育機構國子監，印經史方面的書籍，刻版十多萬塊。從這兩個數字可以看出，當時印刷業規模之大。

　　宋版書以印刷精緻而聞名，宋代雕版印刷的書籍，現在知道的就有七百多種，而且字體整齊樸素，美觀大方，後來一直為人所收藏。

　　宋代的雕版印刷，一般多用木板刻字，但也有人用銅板雕刻。上海博物館收藏有北宋「濟南劉家功夫針鋪」印刷廣

告所用的銅版，可見當時也掌握了銅板雕刻的技術，成為中國古書中的珍品。

隨著後來交子的發行，防止別人偽造的問題，也相應地出現了。所以早在私商印行交子的時期，就採取一系列防範措施。加之交子的發行量大，因此，木版印刷後來也終於被銅版印刷所取代。

具備了技術條件還不行，還需要具備經濟條件，交子出現在北宋，正是具備了這兩個條件。

宋代開國時，為了避免唐代末朝以來藩鎮割據和宦官亂政的現象，採取重文輕武的施政方針。宋代是中國歷史上經濟與文化教育最繁榮的時代之一，儒學復興，社會上瀰漫尊師重教之風氣，科技發展突飛猛進，政治也較開明廉潔，終宋一代沒有嚴重的宦官亂政和地方割據，政治動盪在歷史上也相對較少。

政治穩定為經濟發展提供了可靠的保障。宋代的經濟文化發展與繁榮其規模是空前的，農業，手工業，製瓷業，造船業等都十分繁榮。

四川地區自唐、五代以來，就是新興的手工業印刷業的中心地區之一。四川地區有雄厚的印刷業基礎，這正是大批量生產交子的技術條件。

宋代，成都楮紙銷量和影響力甚至超過了麻紙。究其原因：

一是楮紙工藝日臻完美；

二是成本低於造麻紙。

麻既用於造紙，同時也是織布原料，宋代朝廷在四川採取先支付布錢給百姓的所謂「和買」方式，儘量多收購麻布，鼓勵百姓多織麻布，以供士兵的春衣。於是用麻做紙料的數量大幅減少，麻的價格也隨之上漲。

相反，造楮紙，在將楮樹皮剝下用於造紙外，其餘的則當作柴火，足夠煮樹皮之用，可謂兩全其美。

交子之所以首先出現在四川，也與當地流通的鐵錢有關。北宋開國前後，四川通行的是鐵錢。鐵錢體重值小，買賣交易用錢量大。

大鐵錢每千枚重十二・五公斤，小鐵錢每十貫重三十二・五公斤。買一匹絹，需要用兩萬個小鐵錢，重量共達六十五公斤，這需要用車載驢馱，極為不便。於是便出現了交子。

此外，成都是重要的經濟重地，而且蜀漢通往外界的道路又異常崎嶇難行，因此客觀上需要輕便的貨幣，這也是交子最早出現於四川的主要原因。交子和鐵錢一樣，都是彌補銅錢在流通領域中不足的措施。

宋代銅錢的標準重量是每貫五宋斤，依一宋斤約為六百克計，約折合三千克。小鐵錢每貫約重三千九百克，大鐵錢每貫約重七千兩百克，如果帶五貫大錢鐵，即約有三十六公斤重，顯然攜帶十分不方便。

由此可見，鐵錢不但份量重，而且幣值低。

# 貨幣歷程：歷代貨幣與錢幣形式

最早紙幣 交子與會子

　　根據有關史料記載，當時購買價值一貫銅錢的商品，補充用小鐵錢約三十九公斤；購買價值十貫銅錢的商品，必須用小鐵錢約三百九十公斤。

　　宋代鑄的鐵錢主要有宋元通寶、太平通寶、明道元寶、景祐元寶、建炎通寶、紹興通寶等。

　　商品經濟的發展，本應創造出優越於銅鑄幣的貨幣，但中國卻在封建社會商品經濟達到空前繁榮的宋代大行鐵錢，這說明當時社會生產力發展水平的極不平衡，自然經濟仍處於朝廷經濟的主導地位，小商品交換仍為商品貿易的主要形式。

　　笨重值低的鐵錢阻礙著商品貿易的發展。於是，在信用、契約關係日見發達的情形下，宋代出現了人類歷史上最早的紙幣交子。

　　此外，宋代朝廷經常與遼、夏、金有軍事上的衝突，因此軍費和賠款開支很大，也需要發行交子來彌補財政赤字。

　　上述情況表明，北宋的商品經濟十分活躍，日益發達的商品經濟需要貨幣量的高度增長，而北宋的銅礦開採不能滿足其日益增長的鑄幣需要。這樣，交子便應運而生了。

　　交子的出現，便利了商業往來，彌補了現錢的不足，是中國古代貨幣史上的一大業績。此外，交子作為中國乃至世界上發行最早的紙幣，在印刷史、版畫史上也佔有重要的地位，對研究中國古代紙幣印刷技術有著重要意義。

**閱讀連結**

宋代印刷業發達,與畢昇關係很大。

畢昇發明活字印刷術時,為了提高效率,他準備了兩塊鐵板,組織兩個人同時工作,一塊板印刷,另一塊板排字;第一塊板印完,第二塊板已經準備好了。兩塊鐵板互相交替著用,印得很快。

畢昇把每個單字都刻好幾個;常用字刻二十多個。碰到沒有預備的冷僻生字,就臨時雕刻,用火一燒就成了,非常方便。印過以後,把鐵板再放在火上燒熱,使松蠟熔化,把活字拆下來,下次再用。這種膠泥活字,被稱為「泥活字」。

# 交子的私辦與官辦

■現代翻印的交子

## 貨幣歷程：歷代貨幣與錢幣形式

最早紙幣 交子與會子

宋代交子在使用越來越廣泛的情況下，有了統一的面額和格式，慢慢為大家所接受並作為支付工具使用，從而具備了信用貨幣的特徵，逐漸演變為鑄幣的符號，成為了真正的紙幣。

隨著交子的使用越來越廣泛，許多商人聯合成立了專營發行和兌換交子的交子鋪，也就是存款人把現金交付給鋪戶，鋪戶把存款數額填寫在用楮紙製作的紙捲上，再交還存款人，並收取一定保管費。

當朝廷逐漸掌握交子的運作規律後，就改為官辦，稱為「官交子」。

宋代在各地設立交子分鋪，專為攜帶巨款的商人保管現錢業務。由於交子鋪戶恪守信用，而且所印交子有一定的防偽功能，所以逐漸贏得了信譽。直接用交子來交易的生意範圍擴大，使交子逐漸具備了信用貨幣的性質和職能。

隨著有統一面額和格式的交子應運而生，進而走向市場流通，交子便真正成了貨幣。最初設立的交子鋪因為尚未得到朝廷認可，因此稱之為「私交子」，即史書中說的「私為券，以便貿易」。

在私交子大行其道的時候，也伴有問題發生。那就是少數唯利是圖、貪得無厭的鋪戶進行金融欺詐，自制交子導致問題叢生。

為了遏制金融欺詐的逆流，北宋朝廷對交子鋪戶進行整頓。

朝廷任命張詠為益州知府，張詠是一位廉潔愛民，有遠見卓識和強烈使命的優秀官員。他獨具慧眼，認識到益州民間創造的這種紙幣印製的貨幣代用品，是亙古未見的絕妙發明，它使用方便，便於攜帶，成本低，可大量製造，資源幾乎是無限的。

只要嚴格管理，好好利用，對遭受戰亂的益州經濟恢復和發展，乃至全國經貿都會發揮無可估量的巨大作用，它的優越性是無可比擬的。

於是，張詠從眾多交子戶中，精心遴選信譽良好，財力雄厚，以王昌懿為首的十六戶，作為官方認可，支持保護的交子特許經營戶。要求十六戶嚴格監督管理私交子的印製、發行、運營，保證自由交換和隨時兌現。這樣，私交子的發行取得了朝廷認可。

交子在十六戶富商主辦之前，是由民間一些小的商家俬自發行的，他們發行的交子比較零散，沒有統一的形制，和普通收據類似。這種交子蓋有商號的印記並有密押等，可攜帶鐵錢的數目填寫金額。

發行交子的目的是為了代替鐵錢，行使方便。鐵錢持有者可持鐵錢到發行交子的商號換取交子，然後到市面流通。任何交子持有者，都可拿交子到發行交子的商號兌換鑄幣。

所以，交子是鐵錢價值的符號，起著紙幣的作用，這一點是很明顯的。

十六戶大的富商主辦時，交子就有了統一的形制。紙質相同、形制統一、印製精美、質量上乘的私交子以嶄新面貌

走向市場，受到商家民眾的歡迎，逐步接受並樂意使用。世界第一張紙幣就此誕生了。

以張詠和王昌懿為首的商家們敢為天下先的創新精神，為人類文明發展史上寫下了濃墨重彩的一筆，益州人這種歷史機遇和輝煌的貢獻是唯一的。

交子發行後，隨時可以兌現，兌現時每貫要收費三十文。交子流通甚廣，特別是每年絲、蠶、米、麥將熟時，商民需要較多的流通手段和支付手段的交子，所以這時交子發行量最多。

後來這十多戶富商衰敗下來，資金呆滯，發生虧損，終於不能兌現，交子信用破壞，於是爭鬧不斷發生，最後終於被收歸官營。

西元一〇二三年，朝廷在益州設置掌管交子流通印製的交子務。交子務建置前後，交子形制大體成型。但當時誰也沒有想到，這是一個影響巨大的歷史性的創舉。擔當設立官辦交子務，再度發行紙幣重任的，是一位來自河東路的益州轉運使薛田。

薛田到四川益州上任時，他發現民間因鐵錢笨重而用紙券流通交易的現象。獨具慧眼的薛田將流通領域出現的特殊情況上奏朝廷，建議朝廷設立專門的交子管理機構，變交子私營為官辦，由朝廷印刷發行。

薛田的主張幾經周折，歷經兩代皇帝，至宋仁宗時朝，才接受了這一建議，在益州設置了中國第一處官辦交子務隨後發行官交子一百二十多萬貫。

從此，交子成為宋代的法定貨幣，與鐵錢相權而行。朝廷逐漸掌握了交子的運作規律之後，就改為官辦，稱為官交子。

交子務建置前後，薛田為官營交子制訂了若干措施，交子之法遂大體完備：

一是規定交子務委益州同判，專一提轄，由州保差京朝官一員任監官，後增一員；下設掌典，貼書、印匠、雕匠、鑄匠、雜役各若干人，廩給各有差。

二是制訂兌界，以兩年為一界，界滿以後界新交子易上界交子；每貫克下三十文入官，稱為「紙墨費」。

三是制訂界額和本錢，界以一二五‧六三四〇萬貫為額，備本錢三十六萬貫。本錢就是現在所說的準備金。

四是交子的面值定為一貫至十貫，共十種。交子用益州銅印及字大料例、年限、背印、青面、紅團等印。禁私造交子紙，造者，「罪以徒配」。

官交子發行後所帶來的影響是積極的，重大的。在薛田的努力創造、精心經營下，中國官方紙幣交子的發行流通，不僅僅給百姓在商業貿易中帶來了諸多的便利，朝廷更是獲利豐厚。

官交子發行過程大體是：

先命令私人交子鋪中止發行交子，並把已經發行的交子完全兌換成現錢，然後發行官交子。

官交子也和私交子一樣，依據持現錢人的託付，將攜來的現錢進行調換，把錢數寫到交子票據上，這個票據就是官交子，是由官府交子務發給的。這種官交子同樣可以隨時兌換現錢，不過要求兌換現錢時，也是每貫收取手續費三十文。

官交子的發行和流通有以下規定：首先有一定發行限額和流通期限。《文獻通考》說道：「交子，天聖以來，界以百二十五萬六千三百四十為額。」

所謂「界」，就是交子流通的期限，期限一般是兩年或三年，到期更換新交子，調換舊交子。兌界制度是從官交子實行時開始的。

官交子制度的最初實行並不是為了搜括錢財，而是適應社會經濟發展的需要，適應商業及民間周轉支付所需。這對當時經濟的發展和人民生活的安定，在發揮積極作用。

## 閱讀連結

關於「交子之父」，在學術界有三種說法：

「張詠說」認為，張詠挑選出以王昌懿為首具有相當實力的十六戶富商連保發行交子，完成了私營交子官辦化、規範化。

「薛田說」認為，薛田知益州，將交子收歸官辦，創辦益州交子務。

「王昌懿說」認為，王昌懿當時即是十六戶之首，也屬於最早私交子鋪戶之一，在交子運行中發揮作用最大。

其實，「交子之父」是誰並不重要，關鍵是經過他們的努力，中國發行了世界最早的紙幣交子。

## ▌宋交子由盛轉衰

■北宋交子鈔版

從商業信用憑證到官方法定貨幣，交子在短短數十年間就發生了脫胎換骨的變化，具備了紙幣的各種基本要素。然而，這也正是宋代交子由盛轉衰的轉折點。

自從接管了交子的發行之後，形勢急轉直下了。在印刷術已經相當發達的宋代，手工印鈔機開始全速運轉，以提供任意使用的交子。

然而，隨之而來的，自然就是惡性通貨膨脹和喪失信用的交子的消亡。交子沒有了信用，也就喪失了流通的功能，從而失去了其自身存在的價值。

宋代交子實行官方發行之後，朝廷突然發現，紙幣實在是個好東西，不用什麼本錢，只要在一張紙上印上幾個字，就可以當真金白銀使用，換來實實在在的財富，實在是無本萬利的好買賣。

當時的朝廷對經濟規律一無所知。要養兵，便印交子，要打仗了，又印交子，打完仗要犒賞諸軍，還印交子，就算是太平時節，朝廷想要採辦些什麼東西，自然仍是印交子比較好。

宋代朝廷利用交子來彌補財政支出，但並不置準備金而不斷增發，使交子在流透過程中不斷貶值。

到宋神宗熙寧年間時，四川交子開始兩界同時使用，已有通貨膨脹現象。後來的發行量更大。宋哲宗以來，交子泛濫達到高峰，至大觀年間增發多達兩千多緡，因為沒有準備金，交子面額不斷下跌。

至宋徽宗時，交子便惡性膨脹。

西元一一〇五年，北宋在江北、華北地區發行了稱為「錢引」的新式樣的紙幣，但是只印了一界就因為流通不暢不能順利使用而停印。

西元一一〇七年，四川的也改為錢引，並改稱交子務為錢引務。由於數量發行過大，引起了錢引的嚴重貶值。

錢引與交子最大的區別在於其以緡為單位，不置準備金，不許兌換，可以隨意增發，因此，導致紙券價值大跌。

至南宋嘉定時期，每緡只值現錢一百文。

南宋時期，在金國勢力控制下的北方，市面上流通的貨幣依舊是宋錢。而鼓風扇火、鑄造錢幣的鑄錢監都在南方，所以宋錢不斷北流。這對南宋的財政經濟自然是一個嚴重問題，因此朝廷不能不設法制止。

此外，由於南宋以來，以錢引供糴本、給軍需，增引日多。據《通考·錢幣考》記載：紹興七年，通行三界，發行數達三千七百八十餘萬貫。末年，增至四千一百四十七萬餘貫，而所有鐵錢僅及七十萬貫。」

西元一一一〇年限制發行量為天聖時的一百二十五萬貫左右，對流通地區也限在鐵錢行用的四川、陝西、河東地區，後又採取了受兌、停用舊錢引，增加準備金等多種方法，使錢引的價值得到恢復。

西元一二〇四年，兩界發行五千三百餘萬緡。

至西元一二〇八年，每緡值鐵錢不到四百錢，有的地方僅值一百錢。在這種情況下，朝廷及時以金屬幣收兌跌價的紙幣，限製紙幣的發行量，規定紙幣使用的界限以及按期調換等，以維持紙幣的購買力。

西元一二五六年，朝廷又作了一番的整頓，改錢引為四川發行的新幣會子，直至宋朝末期，未再更改。這些調整，就貨幣形態而言，是更加完善了。

西元一一六五年，南宋朝廷決定在兩淮地區，實行銅錢、鐵錢、會子、交子同時並用。這樣一來，引起了兩淮市場的混亂，成為南宋貨幣最混亂的地區。

最早紙幣 交子與會子

宋代的交子作為一種紙幣，它的產生和流通，體現了紙幣產生和流通的規律。

馬克思在分析紙幣問題時指出：「紙幣是金的符號或貨幣的符號……紙幣只有代表金量，才成為價值符號。」他進一步指出，「紙幣流通的規律只能從紙幣是金的代表這種關係中產生。這一規律簡單說來就是：紙幣的發行限於它象徵的代表的金（或銀）的實際流通的數量。」

宋代的紙幣交子也是這樣，它本身並無價值，它是代表了實際流通中的鐵錢的價值。交子的發行和流通一定要符合實際商品流通中所需要的鐵錢數量，如果超額發行，必然要引起貶值，甚至引起自身崩潰。

宋代交子的發行和流通情況，充分證明了馬克思所揭示的紙幣流通規律的理論的科學性。

交子在一個相當長的時期內保持了幣值的穩定，其中有兩個原因：

第一，以鐵錢作為交子的本位，鐵錢是低賤的錢幣，但唯其低賤，卻對交子的幣值穩定起了良好作用；

第二，朝廷採取了維持紙幣購買力的措施，嚴格控制發行量。自天聖初年開始，每界交子的發行額控制在一定數量，絕不濫印濫發。

交子的幣價穩定大約維持了五十年。宋神宗時將每界交子行用期延長至四年，兩界並用，實際上就相當於每界發行額增長一倍，這不能不引起貶值。

由於朝廷不能有效地控制紙幣的發行量，當出現巨額財政開支需要時，朝廷往往利用手中的權力，濫用公信力，無限制地發行紙幣，最終造成通貨膨脹，從而使紙幣喪失了信用，也就變成了廢紙，很快導致了北宋交子貨幣體系的崩潰，以至於交子的消亡。

**閱讀連結**

張詠是北宋太宗和真宗兩朝的名臣。早在湖北做縣令時，發現一個管錢小吏偷了一枚錢藏在頭巾裡帶出庫房，於是令打板子作為懲戒。

小吏嚷道：「我不過是偷了一文錢，你竟因此打我，但你能夠殺我嗎？」

這種激將法對張詠倒是管用，張詠寫了四句判詞：「一日一錢，千日一千；繩鋸木斷，水滴石穿。」隨即拔劍殺掉了他。

這起事件震動全縣，從此當地治安大為好轉。今天換個角度來看，「水滴石穿」這個成語竟是用一個狂妄小吏的性命換來的。

# ▌會子的誕生與消亡

■宋代會子庫青銅版

　　會子是南宋於西元一一六〇年，由政府官辦、戶部發行的貨幣，仿照四川發行錢引的辦法發行。會子是宋朝發行量最大的紙幣，起源於臨安，也稱作「便錢會子」。

　　會子之法經南宋朝廷歷次整頓，始臻完備，與四川錢引法大同而小異。但朝廷財政的困難，使得南宋君臣不久便破壞了自己制訂的會子的兌界和界額。

　　至西元一二四七年，會子的惡性膨脹使造新換舊已不可能。至此，會子的貨幣職能自難保持。

　　會子，是南宋由朝廷官辦、戶部發行的貨幣，是兩宋時期發行量最大的紙幣，起源於臨安，也稱作「便錢會子」，即匯票、支票。

西元一一六一年，南宋朝廷設置會子務。西元一一六二年，宋孝宗即位。

西元一一六四年宋金達成和議，宋孝宗立即著手整頓會子。西元一一六五夏，宋孝宗命戶部開始印製面額分別為兩百、三百、五百和一貫的會子，規定只能在兩淮流通，不得過江。

由於當時限制會子流通，這使得民間買賣感到不便。瞭解到這一情況後，南宋朝廷解除了兩淮銅錢、會子不能過江之禁，允許民間會子做現錢輸官。經過對會子的整頓，南宋的經濟秩序趨於穩定。

西元一一六六年，南宋用皇宮的府庫內庫和南庫儲藏的錢幣一百萬兩收兌會子，第二年又以內庫銀兩百萬兩收兌會子焚燬。這兩次的收兌資料出處不一，可能後者包括前者。

從西元一一六一年至一一六七年，南宋共印造會子兩百多萬貫。規定州縣不許民戶輸納會子，外地商人低價收買會子，運到臨安兌錢或向各地榷貨務兌物，造成六榷貨務的供應緊張。

西元一一七五年，辛棄疾曾在奏疏中談到會子貶值的情況，大概達一成以上。於是，朝廷採取貨幣回籠措施，用金銀銅錢等收回，出現了商旅往來，竟用會子的情況。商人用會子的好處是免除了金銀的商稅，節省了運費。貶值情況大大改觀。

西元一一七六年以後，會子的發行不斷增加。

# 貨幣歷程：歷代貨幣與錢幣形式

最早紙幣 交子與會子

　　至西元一一八九年已達到四千多萬貫，超過了規定兩界發行額的一倍以上。雖然發行額大大增加，而會子幣值卻繼續保持穩定。

　　宋孝宗年間的會子流通，曾被南宋代臣們譽為「楮幣重於黃金」或會子「重於見錢」。紙幣重於黃金或現錢雖是溢美之詞，但反映了當時會子確有相當的穩定性，受到了民間的歡迎。

　　宋孝宗是中國歷史上最重視紙幣幣值穩定，並留下了不少紙幣管理言論的皇帝。他管理紙幣取得成功的基本經驗，是實行錢會中半的制度，使人民手中的會子能保持對朝廷的一半的法償能力。

　　所謂「錢會中半」，是指封建朝廷收入與支出中所實行的銅錢與會子數量對等的制度與原則。

　　錢會中半制度與原則的確立是有一個過程的。又由於情況的複雜多變，在實行錢會中半制度與原則時，也不能不有一些必要的變通。

　　早在會子初行不久的西元一一六一年，宋朝廷便下詔對會子的法償地位作了如下規定：

　　新造會子許於淮、浙、湖北、京西路州軍行使。除亨戶鹽本錢並支見錢外，其不通水路州軍上供等錢，許盡用會子解發。沿海諸州軍，錢會各半。其諸軍起發等錢，並以會子品搭支給。

諸處官司、軍兵月支請給券食等錢，以錢、銀、會子品搭支給。「諸司百官以十分為率，六分折銀，四分會子。諸軍五分折銀，三分見緡，二分會子」。

　　除了實行錢會中半制度，宋孝宗還注意控制會子的發行數量，在會子貶值時就實行紙幣回籠政策。

　　當宋孝宗看到新印會子的數額時，就對會子的貶值存有戒心。他多次告誡朝臣要謹慎對待會子流通，會子的發行數量絕不能過多。他曾表示自己因擔心會子貶值，「幾乎十年睡不著」。

　　南宋的通貨膨脹始於宋寧宗年間，因為宋金作戰，軍費損耗極大。

　　至宋寧宗後期，每於會子發行過多，朝廷便另外發行新會子，以舊會子二換易新會子一的比率，收兌舊會，引起米價、田價及物價的上漲。這時期的紙幣發行量已達二‧三億緡，但是與後期的惡性通貨膨脹相比較，還是十分輕微。

　　宋理宗於西元一二二五年即位，改年號寶慶。寶慶年間承襲嘉定遺留下來的通貨膨脹，物價不十分昂貴。因通貨膨脹而造成物價急遽上升的問題，至西元一二三四年至一二三六年也沒有解決。後期因農田失收和惡性通貨膨脹引起的物價飛漲，不但未能遏止而且更為嚴重。

　　宋度宗初年，佞臣賈似道當國，企圖挽回信用，遂發行一種新的紙幣「見錢關子」，簡稱「關子」。關子每貫折合銅錢七百七十文，十八界會子三貫。

　　然而，信用危機之弊並未因此而革。相反，關子的發行增加了紙幣的流通量，結果是使物價漲升到新的高度，達到南宋時期的最高峰。信用危機再也未能挽回信用。不數年，元兵南下，會子、關子便與南宋一起消亡。

　　物價過於低落，百姓的購買力不高，經濟蕭條將引發經濟危機。而在適當的時候，朝廷採取輕微的通貨膨脹政策，物價上漲並不是一件壞事。

　　但是，當通貨膨脹呈現惡性化，紙幣貶值，物價急遽飛漲以後，貨幣制度紊亂甚至破壞，最終將導致經濟崩潰。南宋會子消亡的原因，就在於此。

## 閱讀連結

　　宋孝宗趙昚即位後，對一直拮据的財政問題，他儘量減少不必要的開支，還常召負責財政的官吏進宮，詳細詢問各項支出和收入，認真核查具體帳目，稍有出入，就一定要刨根問底。

　　為了改變民貧國弱的局面，宋孝宗非常重視農業生產，不僅每年都親自過問各地的收成情況，而且還十分關注新的農作物品種。

　　一次，范成大進呈一種叫「劫麥」的新品種，宋孝宗特命人先在御苑試種，發現其穗實飽滿，才在江淮各地大面積推廣。

# 硬幣之價 金銀與紙幣

　　黃金和白銀作為貴金屬，都曾作為貨幣先後出現在歷史舞台上。

　　首先是黃金在秦漢前後被廣泛使用，然後是白銀在宋代開始登臺唱主角，並且逐漸以合法貨幣的身分登上經濟流通舞台。金、銀在貨幣流通史上的代興，對當時的社會經濟生活產生過重大影響。

　　紙幣始於北宋交子，當時使用的交子、會子和關子，堪稱人類最古老的紙幣。隨著紙幣的發展，越來越多地涉及文字演變、書法藝術、雕刻和印刷水平等廣泛的領域，形成了中國特有的紙幣文化。

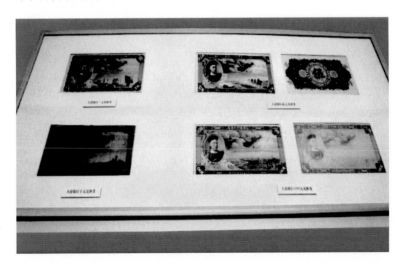

# 中國古代黃金貨幣

■西漢麟趾金

　　中國古代，隨著商品經濟的發展，春秋戰國時黃金成為一般等價物，成為貴重的貨幣。戰國時，隨著商品經濟的發展，和政治交往的頻繁，黃金作為價值尺度和作為支付、貯藏手段，大量使用。

　　從中國五千年的歷史來看，中國雖然與世界其他民族一樣，黃金在中國歷史上也是財富的計量單位和擁有財富象徵，黃金在人類社會中的地位非同一般。

　　由於中國黃金總量上的缺乏，使得黃金很難成為財富流通仲介的主角。在中國近代歷史上承擔流通貨幣功能主角的是白銀。

　　中國是世界上最早使用黃金的國家，在商代的墓葬中就曾發現過用金葉製成的龍紋裝飾品，至戰國時期黃金已經發展為重要貨幣之一。

　　中國古代的黃金主要產於楚國。楚國有一種有銘文的金鈑，這種金鈑大多呈方形，少數呈圓形，上面用銅印印為若

干個小方塊，看似烏龜殼。完整的重約五百克，含金量一般在九成以上。

金鈑上的銘文有郢爰、陳爰、專爰、隔爰等。這些帶「爰」字的金鈑，習慣上被稱為「爰金」或「印子金」。爰金有形制、銘文、重量，是楚國的一種稱量貨幣。

爰金在今湖北、安徽、陝西、河南、江蘇、山東等地均有發現，尤其以郢爰為多。

「郢」是先秦時楚國都城的名稱，首都郢始建於西元前六八九年，位於湖北江陵，後幾經遷移，西元前二七八年秦軍破楚郢，楚王遷至陳城，即今淮安。至西元前二四一年，考烈王又在壽春即今壽縣建都，名為郢。

「爰」是楚國的重量單位，一爰，即楚制一斤，約兩百五十克。從出土實物來看，整塊金鈑的「郢爰」每件約重兩百五十克至兩百六十克，正面都刻有排列整齊的「郢爰」印記，印記多少不等。

戰國時期黃金的流通限於上層社會，而且只在國際禮聘、遊說諸侯、國王贈賞、大宗交易時才使用。

它是中國最早的原始黃金鑄幣。使用時，根據需要將金鈑或金餅切割成零星小塊，然後透過特定的等臂天平，稱量使用。

黃金作為法定貨幣，在中國只有秦和西漢時出現過。秦始皇統一了全國的貨幣，分一國之幣為三等。黃金以鎰為名，為上幣；銅錢識曰半兩，重如其文，為下幣；而珠玉、龜貝、銀錫之屬為器飾寶藏，不為幣。

## 貨幣歷程：歷代貨幣與錢幣形式

硬幣之價　金銀與紙幣

　　秦的金餅不同於珠玉、龜貝、銀錫等器飾寶藏，已經是貨幣，擔負著價值尺度、支付手段、貯藏手段等職能。由於黃金價格昂貴，幣值很高，在使用時要求稱量的準確度極高。

　　金餅是貨幣的原始形式，只能切割使用，沒有明確的面值，需要經過天平稱量確定其價值，屬於稱量貨幣而不是鑄幣。

　　漢初沿用了秦代的貨幣制度，黃金與銅錢並行。西漢是有記載的黃金使用最多的時代。那時黃金一般被做成餅狀、麟趾或馬蹄的形狀，每斤約值一千錢，主要用於大額交易、儲藏、賞賜、贖罪等，發行量很大。

　　西漢的一斤萬錢僅為大致比價，實際價格是以當年各郡守所治理的郡縣內黃金的年平均價為標準換算的。因此每年的價格應該有所波動，而且各地的價格也可能有所不同。

　　據《漢書》記載，從高祖以至平帝，帝王對臣屬的賜金，合計達九十萬斤，西漢時黃金貨幣的支付，數量很大，一筆支付，動輒千萬斤。

　　《漢書·食貨志》記載：衛青率兵反擊匈奴後，因功受賜黃金二十餘萬斤。像這樣的巨額積蓄和支付，在中國歷史上算是最高峰了。

　　那時的「斤」和今天的「斤」比起來，要小得多得多，大概相當於兩百五十克或者更少，金子的純度也比較低。

　　漢武帝時曾經發行的白金三品貨幣並不含黃金，這只不過是銀錫的合金，很快就貶值廢止使用了。

至王莽時期，從西元八年至西元二三年，王莽以幣制改革的方式大量的搜刮民間的黃金。例如金錯刀每枚當五銖錢五千枚，以當時黃金一斤價值一萬錢算，兩枚金錯刀可兌換黃金一斤。王莽用一兩多的銅，就可強行收兌百姓一斤的黃金。

　　據記載，王莽滅亡時宮中藏有黃金達七十萬斤之多，這可能是自東漢開始民間黃金使用量減少的一個原因。另外自東漢起，中國就停止了將黃金作為機制貨幣使用，這是為何以後各時期的黃金使用量都沒有西漢多的原因。

　　而且另一種貴金屬白銀，開始在東漢以貨幣的形式流通。這使得在賞賜功臣或賄賂權貴時，黃金有了其他的替代品，此類事情在史料上可以找到相關記載。

　　自東漢起直至魏晉六朝時期，時常的戰亂以及政局的不穩定，都嚴重影響了黃金的開採，這是此段時期黃金使用量下降的重要因素。這裡需要注意的是，黃金使用量的減少是指大規模的使用減少了，而民間小量的流通仍然是沒有間斷過。

　　黃金的低迷狀況到了唐代得到了改善，穩定的政局和旺盛的國力使黃金的使用又得到了增強。在大量的對外貿易中，黃金和白銀成了唐代主要的支付手段。

　　由於唐代實行的幣制是錢帛本位制，因此黃金仍然主要充作保值手段，而白銀也已開始作為流通貨幣使用，只不過使用範圍很狹窄，使用量也不大。在這種情況下，金、銀、

硬幣之價 金銀與紙幣

錢相互之間的兌換就必不可少，兌換業務便由此產生，出現了經營貨幣兌換業務的機構金銀鋪。

兩宋時期，白銀已具有貨幣的各項職能，使用量進一步增大，商品也開始出現以白銀作為價值尺度來衡量的狀況。

這種狀況到了元代則得到全面發展，這主要是受到北方少數民族尤其是女真族和蒙古族的影響，因為這些少數民族一直是以白銀作為貨幣來進行流通的。

西元一二六〇年，元世祖忽必烈即位不久，便鑄了一批每個重五十兩的元寶。元寶的名稱雖然早在銅錢上用過，但白銀的元寶，卻是元代寶貨的意思。而此段時期黃金在使用上並沒有什麼變動。

明代的貨幣制度歸納起來可以分為：鈔、錢、銀。明代早期用鈔不用錢，禁止民間以金銀交易，後來改為以紙幣為主，銅錢為輔，錢鈔並用。至明代中葉以後，隨著商品經濟的發展，白銀的流通更加廣泛，儘管朝廷禁用金銀交易，但民間一直在使用白銀。

明英宗年間，明代朝廷對這種狀況先是默認，後是承認。

明代在法律上由於允許白銀的使用，白銀的流通便公開化，朝野上下都使用白銀，白銀取得了價值尺度和流通手段兩種基本職能，成了正式通貨，並且形成了一套完整的白銀流通制度。此時的銅錢仍為輔幣。

與之相對應的是，隨著白銀的普遍使用，黃金漸漸退出了流通貨幣的範圍，主要作為貯藏和裝飾用了。

清代基本上繼承了明代的貨幣制度，實行銀錢平行本位，大數用銀，小數用錢，而且銀錢之間比價大體維持在一千文一兩上下。朝廷的重點在用銀，尤其不主張用鈔。此時的各種交易中，已經極難再見到黃金的影子了。

**閱讀連結**

王莽當政時宣布實行黃金國有政策，發出禁令，從列侯以下不准私藏黃金，必須送交國庫換回等價物品。

然而等價交換的承諾並未兌現，一斤黃金只能換回兩枚銅製的「金錯刀」。短短幾年中，王莽皇宮內就藏數百噸黃金。

私有財產得不到法律保護，民間財富積累的通道被阻斷，社會動亂由此而生。到了各路義軍直逼長安後，這時的未央宮內還儲存著大量黃金。幾天後，未央宮被大火焚燒坍塌，王莽儲藏的黃金從此去向不明。

# ▌中國古代白銀貨幣

■中國古代的白銀貨幣銀錠

# 貨幣歷程：歷代貨幣與錢幣形式

硬幣之價 金銀與紙幣

　　自宋代起，白銀貨幣開始廣泛流通，國家財政支出和收入、民間的商業往來和大額支付以及國與國之間的貿易交往，大都使用白銀來結算。曾先後在各地被鑄成各種形狀、各種重量、各種含量的銀餅、鋌、錠和牌等各種版本的銀塊。

　　明清以來，由於各地鑄造的銀兩的形式、重量、成色均不統一。銀兩交易時，人們都必須透過稱重量驗成色等計算手續，為交易帶來諸多不便。

　　隨著西方貨幣和金融制度進入中國，銀兩的使用受到銀鑄幣銀元的大力衝擊，舊式的銀幣漸漸被近代貨幣銀元等所取代，舊式銀幣才退出了貨幣流通領域。

　　春秋戰國時期，隨著金礦開採和冶煉技術能力的提高，特別是經濟發展後貨幣供應量的增長，金銀逐步取代了成色不一、來源不定的珠玉，只是遠不如銅幣那樣廣泛。

　　到了秦始皇平定天下，統一貨幣，定國之幣為三等時，只有上幣的黃金和下幣的銅錢，而珠玉龜貝銀錫之屬為器飾寶藏，則不為幣。其中的白銀沒有進入貨幣流通領域。

　　「王莽改制」時，在西元一〇年推行過「寶貨制」，鑄有少量的銀幣，但銅錢仍然獨霸天下。主要是因為當時的銅礦比較好找，冶煉技術已相當成熟，能夠跟得上當時經濟增長變化的需要。

　　直至唐玄宗時，另立「通寶」，取代歷代「五銖」，也沒有動搖過銅本位的堅強地位。

　　使白銀重新進入流通領域是唐宋以後的事情。有學者認為，唐代白銀登上了歷史舞台，由一般的貴重物品或裝飾品

而迅速地轉變為正式貨幣，完成了中國貨幣史上又一次重大變革，這就是銀本位制度的初步確立。

作為貨幣，白銀在唐代的出現和使用範圍，應當與其海外貿易有關。但還不足以成為支撐當時中國經濟全局的貨幣本位。因此，唐代銀本位制度還處於始發階段。

宋代商品經濟的發展和規模更上了一層樓。儘管鼓鑄銅錢的規模空前，但仍然不能滿足當時日益增長的物質和文化生活的需要和備戰用兵的費用。以致雖有「大錢」、「小錢」之爭，但仍屢有「錢荒」之困。

為解決「錢荒」之難，西元一〇四八年，朝廷改革原有的解鹽法，實行鈔鹽制度。同時，大額貨幣也呼之欲出，這就是金、銀作為貨幣職能的實施。

據《建炎以來朝野雜記》中的《財賦》記載，宋太宗在西元九九七年白銀稅課近十五萬兩，而宋徽宗時年入已經達至一百八十多萬兩。於是，宋徽宗除了鑄金錢外，又鑄銀錢二十一萬餘兩，其後銀又增九十萬餘兩。

金、元入宋，也延其形制，鑄造銀錠，以解州鹽稅銀為例，每錠為五十兩。《金史·食貨志》記載：「舊制銀每錠五十兩，其值一百貫」。

從此以後，更大面額的貨幣，也只能是紙幣了。最初是以「交子」為券，後來解州鹽引也參與了交易，金、元兩代延續下來。

忽必烈定鼎中原，元帝國空前龐大，不但打通了中國南北東西阻隔已久的通道，而且中西陸海商道上是駝隊踵繼，

舳艫相望。貿易規模的空前增長，帶來的必然是貨幣需求的激增。

元代是用紙鈔來解決這個困難的，但其間有一個重要變化，就是紙鈔的貨幣單位銅錢制「貫」，可以直接換算成白銀製的「兩」。

《元史·食貨志鈔法》記載，忽必烈規定，當時印行的「中統元寶交鈔」和「中統元寶鈔」，每貫等於絲鈔一兩，二貫等於白銀一兩，而且銀鈔可以互易兌換。研究者認為，中統鈔主要是與白銀相聯繫。

這就是說，直至元代，中國貨幣才真正實現了銀本位。

橫越亞歐的汗國以及稍後的印度莫臥兒王朝，與元帝國是銀本位的實行者，連接歐亞大帝國的財政紐帶，也必然是金銀一類的貴金屬貨幣。因此可以肯定地說，元代銀本位制度的確立，是世界性貿易擴展的結果。

至明代，白銀走向了完全的貨幣形態。明代末期是中國歷史上一個重要的時間段，其重要意義就在於，它處在一個重要的歷史轉折時期，是中國古代社會向近代社會轉型的開端和經濟全球化的開端，在這其中，白銀則扮演了極為重要的角色。

白銀作為一種金屬貨幣，在明代中後期曾被大量使用，是中國最主要的通貨。明代是當時國際白銀市場的國際購買者。

在明代，大規模使用白銀是一個重要的社會現象，白銀成為主要貨幣，在社會經濟生活中起了重要作用。

明代將白銀作為貨幣是自民間開始，經歷了自下而上的發展歷程，至十五世紀末十六世紀初以後，才為官方所認可，自上而下地展開。

　　因此當我們翻開明代史籍，有關典章制度的記載中，唯見「鈔法」和「錢法」，並不見白銀，或者說「銀法」。這說明了白銀不是明代的法定貨幣。

　　隨著朝廷財政收入慢慢白銀化，隨之而來的就是朝廷財政支出相應的白銀化，主要表現在皇室日常開支，官員俸祿的發放，軍餉的調撥等。至此，白銀作為從民間發起的貨幣行為才被朝廷所接受。

　　清代初期，在朝廷的財政收支和國內外工商貿易的交往中，除小額零星支付用銅錢外，絕大多數經濟行為都是以白銀作為支付手段。民眾以擁有白銀作為財富，金融機構以白銀為庫存，銀行間結算也以白銀為標準。

　　白銀成為中國當時最主要的流通貨幣。

　　當時的外國人卻非常喜歡中國的茶葉、生絲和瓷器等商品，這就使得中國商品能夠大量進入外國市場。當時中國貨幣市場上習慣以白銀作為支付手段，因此這些外國商人常常是「開著滿載銀元的商船來到中國」，然後「購買滿船的中國貨物回去」。

　　當時流入中國的外國銀元種類很多，有西班牙本洋、墨西哥鷹洋、英屬地銀元、日本龍洋等，其中西班牙本洋是流入中國最早的外國銀元。

## 閱讀連結

外國銀元的大量流入，雖然在一定程度上刺激了中國的經濟發展和貨幣改革，但由於資本主義侵奪擴張的本性，這些銀元的流入對中國的民族經濟造成了重大的負面影響。

清代後期，由於各種因素，中國白銀開始持續地外流，中國逐漸由國際白銀市場的國際購買者變為被動求購者。

# ■元代紙幣制度的確立

■元代紙幣中統元寶交鈔

元代是中國古代史上紙幣的鼎盛時代。成吉思汗時代，以白銀為市貿流通，其後受宋、金影響，開始在佔領區內發行紙幣。忽必烈登基後，推出了「中統元寶交鈔」。這種鈔票發行之初，以白銀為本位，任何人持中統鈔都可按銀價到官庫兌換成白銀。

整個元代以中統元寶交鈔為主，它於元代始終通用。各種支付和計算均以之為準。統鈔的發行，標誌著元代紙幣制度的確立，具有作為支付手段與金、銀有同樣的價值。

「中統元寶交鈔」成為國內唯一合法的流通貨幣。這在世界貨幣史上是一個偉大創舉。

元代紙幣的發行，以時間和流通特點可大致分成以下三個階段。

第一階段是元世祖忽必烈即位以前，其間共三十多年。當時蒙古人尚未取得對全國的領導權，被征服區發行的紙幣名稱各異，互不流通。

第二階段是西元一二六〇年至一二七九年。

忽必烈於西元一二六〇年登基後，發行以絲為本的交鈔，並在同年十月進一步推出中統元寶交鈔。這種鈔票發行之初，以白銀為本位，任何人持中統鈔都可按銀價到官庫兌換成白銀。

中統元寶交鈔是中國現存的最早由官方正式印刷發行的紙幣實物。這種紙幣已與現代的鈔票別無二致。中統元寶交鈔在元代有極重要的歷史文化地位，一直行用至元代末年。

從西元一二八五年起，元在全國禁用銀錢市貨，中統元寶交鈔成為國內唯一合法的流通貨幣。

這在世界貨幣史上是一個偉大創舉，除蒙古佔領區的伊利汗國發行紙幣以外，印度、朝鮮、日本等國也效仿元代發行過紙幣。

硬幣之價 金銀與紙幣

　　《馬可·波羅遊記》記載中的「大汗的紙幣」更是令歐洲人驚嘆。

　　中統元寶交鈔為樹皮紙印造的，鈔紙長十六 · 四釐米，寬九 · 四釐米，正面上下方及背面上方均蓋有紅色官印。正背左上方蓋黑色長條形合約印。紙質柔軟，顏色青黑。

　　以「中統元寶交鈔一貫文省」為例，鈔面上方橫書漢文鈔名「中統元寶交鈔」。花欄內上部正中「一貫文省」四個字，面額下為橫置錢貫圖。

　　兩側豎寫九疊篆漢字和八思巴文，右側漢文「中統元寶」，八思巴文「諸路通行」；左漢文「諸路通行」，八思巴文「中統元寶」。

　　錢貫圖右為「字料」，左為「字號」。字料上方蓋一字，可能是「微」字，字號上方蓋「師」。鈔面上下依稀可見各蓋有紅印一方。鈔票的背面有「至延印造元寶交鈔」字樣墨印一方。

　　中統元寶交鈔以銀為本位，以貫、文為單位，面額有兩貫文、一貫文、五百文、一百文、五十文、三十文、二十文、十文共九種。中統鈔每兩貫可兌換白銀一兩。

　　這種貨幣不受區域和時間限制，朝廷收稅、俸餉、商品交易、借貸等使用寶鈔，並允許用舊鈔換新鈔，這樣中統鈔就成為通行於全國各地的統一貨幣。

　　第三階段由西元一二七八年至元代滅亡，共約九十年。這個階段可大致以西元一三五○年為界分為兩個時期。

前期紙幣流通出現了輕微的通貨膨脹，紙幣管理還算井井有條；後期幣值狂跌，元代朝廷由經濟上的崩潰導致了政權的滅亡。

西元一二八六年，元代朝廷印造至元通行寶鈔，即通常所說的至元鈔，與中統鈔並行使用，規定中統鈔與至元鈔的兌換比價是五：一。

至元通行寶鈔用桑皮紙印刷、呈深灰色，因此又稱「楮幣」。至元通行寶鈔長二十八釐米，寬十九釐米，鈔首通欄橫書「至元通行寶鈔」，下面是蔓草肥葉碩果紋飾框，框內上部有鈔值「貳貫」字下有兩至四串銅錢，左右各有一行八思巴文，意為「至元寶鈔，諸路通行」。

在紙幣政策的方面，為了適應經濟發展的需要，元代朝廷先以行政命令的方式強制紙幣的流通，又採取措施保證紙幣與金銀同等的貨幣作用，後來逐漸為廣大民眾所接受，最後紙幣終於在元代朝廷所轄區域廣泛流通起來。

元代朝廷遠在漠北的和林，即今蒙古共和國庫倫西南、西北的畏吾兒，即今天山南路一帶，都設置了紙幣管理機構，在海南島地區是否設立紙幣管理機構文獻無證，但那裡也有紙幣流通。

馬可·波羅在他的游記中說：「大汗令這種紙幣普遍流通於他所有的各王國、各省、各地，以及他權力所及的地方。無論何人，雖然自己以為怎樣權要，都不敢冒死拒絕使用。

事實上，他們都樂於用它，因為一個人不論到達大汗領域內的什麼地方，他都發現紙幣通用，可以拿來做貨物買賣的媒介，有如純金的貨幣那樣。」

顯然，元代紙幣作為法幣的有效性不容置疑。不僅如此，由於信譽昭著，元代紙幣還可以在其他國家作為現金使用，暢通無阻。

另外，元代朝廷為了確保紙幣的權威性得到民眾的認同，紙幣的發行有足夠的金銀準備金作為後盾，基本上做到了有本發鈔，絕不濫發。西元一二六〇年規定：「諸路領鈔，以金銀為本，本至乃降新鈔。」

紙幣的發行以金銀作為後盾，這對保證紙幣的信用，促進紙幣的流通起了積極作用。顯然，初期紙幣的發行實行金銀準備金的做法是正確的。

只有這樣，紙幣作為流通手段的職能才能得到民眾的信賴。否則，紙幣根本無法通行。

元初紙幣的發行權統歸朝廷，嚴格控制發行額。在中統鈔使用的最初二十多年的時間裡，每年的發行量不過幾萬至幾十萬錠，這對疆域遼闊的元代而言是並不多的，它和後期元代朝廷每年發行幾百萬錠相比，顯然是非常有節制的。

正是由於紙鈔價值的穩定性和權威性，民間才出現「視鈔重於金銀」的現象。元代朝廷的這項紙幣政策，恰好反映了紙幣流通的特殊規律，即紙幣的發行限於它象徵地代表的金或銀的實際流通數量。

元代朝廷以詔令的形式頒布的紙鈔管理條例很多，全部具有法律效力。元代的紙鈔管理條例主要以兩個「條畫」和若干具體法令規定構成。

這兩個條畫是西元一二八二年中書省頒布的《整治鈔法條畫》和西元一二八六年由尚書省頒布的《至元寶鈔通行條畫》。其中，《至元寶鈔通行條畫》是中國歷史上第一次出現的較為完備的不兌換紙幣管理文件。

《至元寶鈔通行條畫》綜合了自有紙幣以來的管理經驗，以一個專門文件的形式作為朝廷的法令規定下來，不但從制度上、政策上看是空前的，從紙幣管理的思想上來看，也達到了成熟的水平。

當時，朝廷的一切經費出納都以中統元寶交鈔為準，於商旅貨運也極輕便。元時來華外商與外賓，看到僅是一張印刷品的元代紙鈔可以購得各種商品，與金銀無異，都深感奇特新鮮。

元代紙鈔不僅通行於內地，而且也通行於邊疆各少數民族地區，今西藏、新疆、雲南、東北各地無不流通。對此，不僅有古代文獻可證，而且還有許多有關元代的出土經濟文物可以證明。

其中的中統鈔，大概由於信譽昭著的原因，其流通領域又並不只限於國內。在東南亞許多地方，直至明代仍有流通。

可見，元紙幣實際上在當時國際商業交往中已成為通用貨幣。另外，當時一些國家不但歡迎元代紙幣在其國內流通

使用，而且還仿效發行自己的紙幣。這類情況在亞洲各國家中出現過，最早在波斯出現，足見其世界影響之大。

元代建立起世界上最早的完全的紙幣流通制度，是中國歷史上第一個完全以紙幣作為流通貨幣的朝代。元代商品交流也促進了元代交通業的發展，改善了陸路、漕運，內河與海路交通。

## 閱讀連結

元世祖忽必烈建都上都城後，曾想仿效宋代以銅錢為主要流通貨幣，但有大臣勸阻道：「銅錢乃華夏陽明政權之用，我們起於北方草原地區，屬於幽陰之地，不能和華夏陽明之區相比，中國適用紙幣。」

忽必烈認為有理，便決定用紙鈔而不用銅錢了。

忽必烈把鈔票引入流通領域，並使它成為財政的基礎。西元一二六四年，他頒布了一條法令，公佈了用紙幣來計算主要商品的價值。最後形成了元代長期、廣泛、大量地發行和流通紙幣的特點。

# 明代紙幣大明寶鈔

■大明通行寶鈔銅版

　　大明寶鈔是明朝官方發行的唯一紙幣，該紙幣貫行於明朝兩百七十多年。西元一三七五年始造。寶鈔的印製和發行始終是集中於朝廷，這種統一性是前代不曾有過的。

　　大明寶鈔印框高約三十釐米、寬約二十釐米，是世界上面積最大的紙幣。寶鈔分：一貫、五百文、三百文、二百文、一百文。

　　大明通行寶鈔不兌現，不分界，不限地區和流通時間，不規定發行限額，沒有發行準備金，不改幣名和形制，幣制始終如一。明代中葉以後，寶鈔已無人使用了。

　　明太祖朱元璋建立明代後，為了在全國實行統一的銅錢流通制度，於西元一三六八年頒布洪武通寶錢制，規定除了

京城寶源局外，各省均設寶泉局鑄造洪武通寶。按照朱元璋的願望，是準備從此行用銅錢的。

但是事情並沒有按照明太祖希望的那樣發展。

一方面，由於朝廷財政力量不足，銅源短缺，銅錢鑄造數量有限，出現供給困難，同時官府為了得到足夠銅材，令人民以私鑄錢及銅器輸官的做法，引起民間的不安。

另一方面，隨著商品經濟發展，貿易用錢量增大，不便攜帶的銅錢成為商業周轉的弊端，已經習慣於用紙幣交易的商賈們不願重為銅錢所累。

在這樣的情形下，明太祖決定改用紙鈔。「大明通行寶鈔」就是在這樣的歷史背景下產生的。它始行於西元一三七五年。

大明通行寶鈔是明代朝廷統一印製並在全國發行流通的紙幣。在開始流通的二十年間幣值比較穩定，以後不斷貶值，至成化年間一貫只值銅錢一文，至弘治、正德年間，鈔法實際上廢止不行。

儘管大明通行寶鈔的流通越到後來越不盡如人意，但明代只使用大明通行寶鈔一種紙幣，為歷代所獨有。

個中緣由，除了始終集中由朝廷統一印製、發行和管理外，其防偽之功也不可沒。

大明通行寶鈔上採用了前代紙鈔所沒有的防偽措施。為防範紙鈔偽造，歷代都採用特殊的材料，並摻有其他物質來製作鈔紙，儘量使造假者難以仿製。

如北宋的交子，就是採用楮皮製造楮券；元代制鈔主要用桑皮紙；明代鈔紙也用桑皮造，是取用長纖維紙漿桑穰為主料，同時，大量使用廢棄的公文紙打漿作為配料。

在十一種不同面值的大明通行寶鈔中，票幅最大的就要屬一貫鈔了。一貫鈔票長三十三‧八釐米，寬二十二釐米，它不僅是中國也是世界上迄今為止票幅最大的紙幣。

關於大明通行寶鈔，它的背後還有一段有趣的故事呢！而且，這個故事還與明代歷史上的一位重要人物有關，這個人就是明太祖朱元璋的皇后馬皇后。

馬皇后是今安徽省宿州人，元代末期農民起義軍的首領郭子興的養女。朱元璋投奔義軍郭子興後，郭子興以她相嫁。

戰爭期間，馬皇后組織婦女製作軍衣、軍鞋，支援前線。太祖稱帝后，她被立為皇后。她曾勸說朱元璋：「定天下以不殺人為本。」使李文忠、宋濂等免於死罪。

馬皇后一生雖未有過驚天動地之舉，但她卻以「賢德」著稱，這一點在大明通行寶鈔的印製過程中也得到了印證。

傳說朱元璋剛開始製造紙幣時，屢次試制都不成功。一天，他夢見有人告訴他說，如果想製成紙幣，必須取秀才的心肝來才行。

夢醒之後，朱元璋心裡想：「這難道是讓我去殺讀書人嗎？」

馬皇后聽他說了這個夢，就對他說：「照我看來，秀才們所作的文章，就是他們的心肝了。」

　　朱元璋聽了很高興，立刻命主管的官署找來秀才們進呈的文章加工採用，紙幣果然就製造成功了。

　　透過這個故事，使人們對馬皇后不禁更加肅然起敬。如果用「一代賢后」來評價她，當是恰如其分。

　　明代紙幣制度也存在一些漏洞，倒鈔法便是其中之一。西元一三七六年，明代朝廷曾定倒鈔法，在各地設行用庫收換破舊的昏爛鈔。

　　西元一三八〇年又規定了調換昏爛鈔的界限，凡票面金額、文字可以辨認的都可以繼續使用，不許對用舊鈔買貨者提價，但實際上，朝廷收稅只收新鈔，而民間對舊鈔則降價使用或拒用。這就形成了新舊鈔的差別價格，造成了以後的通貨膨脹。

　　明代紙鈔發行，推行只出不進政策，即只投放不回籠或是多投放少回籠。朝廷發紙鈔支付給軍餉，而向民間收取物資和金銀財貨，收租稅卻只搭收少量新鈔或乾脆不收。

　　明代為了推行寶鈔，曾實行「戶口鈔鹽法」，即每戶大人配食鹽一斤，收鈔一貫。而「門攤課程」即店鋪商人用鈔交納門攤課。朝廷令商人和普通老百姓用鈔，但收效不大。

　　大明寶鈔在發行流透過程中不斷貶值，雖然在從成祖至明宣宗的二三十年間曾採取過措施來維持寶鈔的購買力，但也未能挽留住它行將退出歷史舞台的腳步。至弘治年間寶鈔在商品貨幣經濟中已無意義，民間只用銀和錢進行交易。

明代中葉以後，寶鈔已沒有人使用了。至明代中葉弘治年間，鴉片戰爭之前中國使用的最後一種紙幣大明通行寶鈔就已在市場上停止流通，銅錢和白銀再次主宰流通市場。

西元一六四三年，在李自成的兵鋒之下，崇禎皇帝再次想起了紙幣，他設立了內寶鈔局，日夜趕造大明通行寶鈔，希望能夠挽狂瀾於即傾。然而，這時已經沒有人願意再用真金白銀去換這些印製精美的大明通行寶鈔了。

**閱讀連結**

馬皇后在朱元璋平定天下、創建帝業的歲月裡，和他患難與共。因此朱元璋當了皇帝後，對馬皇后一直非常尊重和感激，對她的建議也往往能認真聽取和採納。

朱元璋幾次要尋訪她的親族封官加賞，都被馬皇后勸止。

馬皇后一直保持過去的儉樸作風，平日穿洗過的舊衣服，破了也不忍丟棄。並教導妃嬪不忘蠶桑的艱難。遇到荒年災月，她體察民間疾苦，帶領宮人吃粗劣的菜飯。

《明史》讚揚馬皇后「母儀天下，慈德昭彰」。

# ▌清代紙幣及印鈔技術

■清代紙幣大清寶鈔

　　清代印刷的戶部官票和大清寶鈔，多為木版或銅版印刷，與宋、元、明代時相仿。票面呈豎方形，尺幅較大，雖為兩色或三色套印，但色彩單調，印刷技術並不複雜。民間多能仿製。當時的官府既要防止民間偽造，又無技術措施，只好在票面上加蓋官府印鑒，用以保證信譽和增強可靠性。

　　清代朝廷設立了印刷局，為了掌握先進的印鈔技術，不惜重金從國外聘請技師到印刷局工作，這無疑是對中國印刷業界的一大貢獻，開創了中國古代印鈔技術史上的新時代。

　　清代朝廷在西元一八五三年正式發行戶部官票和大清寶鈔。這兩張鈔票，一為官票，也稱銀票；一為大清寶鈔，均由中國錢幣學會收藏，這樣的票和鈔在浙江省博物館錢幣陳列廳裡也有擺放。

官票是用白色苔籤紙、高麗紙製造，靛藍色刷印，外為龍火紋花樣，內部正中以漢、滿文標明幣名，形制基本一致。

寶鈔鑄銅為版，靛藍色印刷，紙張原似水印，因急於發行而改用白色山西雙抄毛頭紙。兩種紙幣都有多種計量品種，但官票以銀兩為單位而寶鈔則以制錢為單位。

發行時儘管朝廷規定「銀票即是實銀，錢鈔即是制錢」，在使用時，即朝廷各種支出和稅收中搭收一半銀票。但因為各地不認真執行，甚至有外商在民間低價收購充抵關稅，使鈔票迅速貶值成為朝廷累贅，至西元一八六二年就停用了。

儘管官票、寶鈔行使十年遂告壽終正寢，但當時人們時常將它們合稱為「鈔票」，這一詞卻一直沿用至現在，只是如今人們說的鈔票其意義已完全不同於清代的寶鈔、官票。

那時貨幣發行與財政混為一體直屬封建君主，如今則由銀行發行。那時商品經濟不發達，信用不高，加之印刷技術停滯，使紙幣防偽較差，影響了官票和寶鈔的信譽。

而現在我們手中持有的紙幣作為一種信用貨幣，除了有很高的信譽度和防偽技術，較金屬貨幣輕巧的優點外，還能夠促進商品經濟的迅速發展，調節和融通資金，在經濟發展中的地位可想而知。

清代朝廷發放的戶部官票、大清寶鈔採用了雕版印刷技術，當時社會上流通的各種民間紙幣錢票、銀票、錢帖、兌票、照票也都採用雕版印刷技術。

光緒年間，石印技術的發展使紙幣印刷出現了新的飛躍，民間紙幣由單色或雙色轉向多色，由原本比較單調的傳統豎

式轉向橫式、豎式兼用，票面圖案由比較簡單的雕刻線條構圖轉向比較豐富的多品種圖稿，而且逐步採用底紋圖案。

石印技術印鈔與印刷書籍的過程基本一致。只是落石前多一個拼大版模式。一般而論紙幣面積較書頁、圖畫、報紙小得多，每一個印版可多張印刷。因此印刷紙幣的印稿在落石前先要進行拼版。拼版是將多張紙幣的樣稿拼成大版稿，再將大版稿過渡到脫墨紙上，然後進行落石。

當時北京有北洋石印局、北洋官報局、北京林屋洋行印製局、北京悅華石印局、琉璃廠工藝局等印刷局、印刷所、印書館，為社會印刷各種票、券。與此同時，在上海、漢口、天津、東北等較發達城市都出現了採用石印技術印刷的紙幣。

由於清代末期貨幣流通十分混亂，紙幣印刷處於失控之勢。清代朝廷一些革新派官員紛紛議奏改革，引起朝廷重視。

一九〇八年，中國第一所由朝廷直接控制的近代印鈔機構在北京正式建立，名為「度支部印製局」，局址設在北京右安門內白紙坊原「清工部火藥局」舊址。

該局積極引進當時國際上的先進印鈔技術，其規模式樣仿照美國「美京國立印製局」，並聘請美國技師進局，培訓了中國第一批近代印鈔技術人員和印鈔技工。

當時的先進雕刻凹版印鈔技術無疑是引進的首選，但要培養出合格的凹版雕刻技師需日積月累地磨煉，並非短期內可如願，製作完成一套鋼凹版鈔版，需較長的週期。

於是又引進了其他當時國際上比較先進的印刷技術與設備，如美國的萬能雕刻機、凹印機、石印機、鉛印機、圓盤印碼機、照相機和工業鍋爐、發電機等。

「度支部印製局」設有石印組，是石印紙幣關鍵之組成，與凸印組、制本組、鉛字組、電版組、圖案組等同隸於活版科。

石印組的主要工作是將紙幣墨稿翻制於印石，設備是落石機。操作時印石置於機架適當位置，輥筒由工人手工操作。

凡完成落石工序的印石將送印刷課印刷。印石需要不斷周轉，數量較多。輥筒與機架配套使用，使用一定週期會磨損，需有備品。

度支部印刷局在籌建過程中，邊建廠房，邊應徵人員進行技術培訓。特別值得一提的是從天津官報局招收來的曾向日本人學習過雕刻銅凹版技術的畢辰年、李甫、閻錫麟、吳錦棠等人。

經過一段時間的學習，全部掌握了鋼凹版雕刻技術，成為中國第一代雕刻鋼凹版技術人員，為當時印刷界所矚目，為中國雕刻鋼凹版技術的進一步發展奠定了堅實的基礎。

當時的官府既要防止民間偽造，又無技術措施，只好在票面上加蓋官府印鑒，用以保證信譽和增強可靠性。這在中國印鈔史上，尚屬早期、簡單的防偽措施。

與此同時，朝廷還制訂了維護鈔票信譽的法律，透過對偽造者和揭發報官者進行懲罰和獎勵的法律條款，來防止和制裁偽造者，以保證鈔票的流通和信譽。

## 貨幣歷程：歷代貨幣與錢幣形式

硬幣之價 金銀與紙幣

　　清代的紙幣，除朝廷印發的戶部官票和大清寶鈔之外，清代末期官私銀錢行號和私營銀錢店也在印發鈔票。其中私營銀錢店又有錢莊、錢鋪、錢店、銀號等多種稱謂，是一種地方性的金融行業。

　　其業務主要是兌換銀錢和印發錢票銀票，起著配合制錢和紋銀、發揮支付手段的作用。但私人錢莊印發的銀錢票，印刷質量更為簡單粗糙，票面金額數字多用手書寫，缺乏必要的防偽措施，使得當時的幣制更加混亂。

### 閱讀連結

　　清代末期出現的大、小石印書局多達百餘家，以上海為中心遍佈全國。

　　西元一八七四年，上海徐家匯天主教堂附設的土山灣印書館始設石印印刷部，開始印製教會宣傳品。此後，徐裕子、徐潤等西元一八八一年先後開設了同文書局和拜石山房，專印古書，如《二十四史》、《康熙字典》等。

　　在中國用石印技術印刷彩色圖畫的，以鴻文堂五彩書局為最早，該局專印彩色錢票。還有專印彩色圖畫的中西五彩書局。富文閣、藻文書局及後來的彩文書局、崇文書局等也經營彩印。

# 流通寶貨 鑄行通寶錢

　　唐代鑄行的開元通寶，是當時商品生產和商品交換逐漸擴大的產物。開元通寶的鑄行，告別了自秦漢以來流通了八百多年來的銖兩貨幣的時代，使之具有了信用貨幣的概念。

　　它的創制與漢五銖錢一樣，是中國貨幣史上具有劃時代意義的重大事件。

　　自從開元通寶鑄行以來，「開元」開啟的不僅是大唐盛世的經濟繁榮，而且在其流通的一千三百年間，中國歷朝鑄幣無論是形制標準還是十進制幣值，皆遵循「開元」模式。它的積極作用可以說是超越時代的。

# ▎鑄行開元通寶前奏

■唐代開元通寶

　　唐建立後，為適應其統治需要，於西元六二一年七月，整頓貨幣，頒詔廢除五銖錢，改鑄統一的開元通寶。開元通寶反映了當時人們對貨幣作用有了進一步的認識，以錢為寶，則意味著貨幣即財寶觀念的增強和人們對其崇拜程度。

　　開元通寶的產生，有著深刻的社會原因。經濟決定金融，開元通寶是當時商品生產和商品交換逐漸擴大的產物。

　　開元通寶錢，在中國錢幣史上具有劃時代的地位。「開元」，意指開闢新紀元；「通寶」，意指通行寶貨。

　　廢五銖行開元通寶，是唐代初期朝廷的重大經濟決策，這個決策背後到底有著什麼樣的歷史背景呢？

　　一方面是唐代對貨幣的認識有了很大進步；另一方面，唐初的社會現實也促使朝廷實行新的貨幣政策。

唐代對貨幣作用的認識較為全面。認為貨幣作為人君之權柄，不可假於人，是治理朝廷的重要工具，要在四個方面發揮重要作用。

　　一是用於權百貨，准交易，促進商貿活動，發展社會經濟。

　　二是透過貨幣總量的斂與散來調節物價高低，操輕重之柄，既可增加朝廷財政收入，又可鞏固封建統治秩序。

　　三是用於權本末，調整農工商業之間的關係，使商品經濟的發展處在封建統治所能允許的範圍之內。

　　四是摧抑豪強，制約兼併，限制地方勢力的壯大，鞏固小農經濟這一封建統治基礎。

　　唐代持這種看法的人很多，以劉秩、陸贄、楊於陵、白居易等人為代表。從中國古代對貨幣作用的認識史來考察，白居易所持貨幣能調節農工商各類經濟部門關係的看法是新的創見，進步的想法。

　　唐代不僅制訂鑄幣官營、私鑄非法的法律。認為銅是最合適的幣材。唐憲宗李純在一則詔書中說道：「銅者，可資於鼓鑄，銀者，無益於生人。」

　　唐代對於貨幣較為全面的認識，保證了朝廷壟斷鑄造銅質通寶錢的實施。此外，開元通寶的產生和當時商品生產和商品交換逐漸擴大是分不開的。

## 貨幣歷程：歷代貨幣與錢幣形式

流通寶貨 鑄行通寶錢

唐代承隋代之後，重新恢復建立統一的多民族社會。這時，經濟與文化在全國範圍內得到了較長時期的穩定發展，整個封建社會的經濟與文化均呈現出繁榮景象。

唐太宗李世民於西元六二六年八月即位後，勵精圖治，審慎地調整了統治政策，在政治、經濟、軍事、文化諸方面進行了一系列改革，使封建朝廷出現了一個相對穩定的局面，史稱「貞觀之治」。

唐玄宗李隆基於西元七一三年登基後，在位四十四年，在其前期的開元年間，唐代進入極盛時期，是唐代高度發展的黃金階段，史稱「開元盛世」。

在農業方面，均田制的推行，使耕地面積擴大，百姓生活殷實富足，府庫充實。

唐代詩人杜甫在《憶昔詩》中寫道：「憶昔開元全盛日，小邑猶藏萬家室；稻米流脂粟米白，公私倉廩俱豐實。」生動形象地描繪了當時的興盛情景。

在城市中，商業興旺，交通發達，很多城市都設邸店，為商人服務，並出現了原始的匯票「飛錢」或稱「便換」和信用機構「櫃坊」，當時商品交換活躍、錢幣收支頻繁程度可見一斑。

唐代冶煉技術取得新成就，全國有一百六十八個銀、銅、鐵、錫冶煉所，金屬器物以捶擊與澆鑄製為主，運用切削、刻鑿、銲接等技術。

另一方面，漢五銖錢在隋以前已流通了七百多年。至隋末社會動盪，盜鑄、濫鑄私錢之風盛行，鐵葉、皮紙都可以充當流通的貨幣，可見，當時貨幣使用非常混亂。

隋代由嚴格監製使用到「錢轉薄惡」生動具體地反映了朝廷由治而亂，由盛到衰的歷史。

唐高祖李淵初入長安時，民間使用的是隋代的輕錢，據史書記載，積八九萬枚才滿米斛。在歷史上，每一新朝開國之初，都不免承繼前朝之弊。首當其衝的，往往是因生活物品短缺而帶來的物價上漲。據《舊唐書·高祖紀》記載，唐高祖初得天下時，由於京師穀物貴重，甚至禁止殺豬和賣酒。

唐代以後，唐高祖一方面需要統一全國，一方面又需要恢復穩定封建秩序，發展生產，以利於新建政權的鞏固。唐高祖正是這樣順應客觀形勢的要求，在進行統一戰爭的同時，又總結隋代滅亡的教訓，恢復或新建各種制度，鞏固唐代政權的。

隨著唐代對貨幣認識的分析，以及幣制的改革和經濟的恢復與發展，唐代於西元六二一年七月著手整頓貨幣，頒詔廢五銖錢，改鑄統一的開元通寶。一個璀璨的盛世即將到來。

**閱讀連結**

唐代由於商業的發展，在揚州、長安、洛陽等一些大城市都出現了夜市。商業活動也逐漸突破了過去市、坊區分的嚴格限制，不少商人已在居民坊內開設店鋪。

當時還產生了飛錢。飛錢也名便換，是中國產生的最早的匯兌制度。

這一制度產生於唐憲宗時期，辦法是：商人在京城把錢交給某道進奏院，或交給某軍府、某使節、某富家，憑文券到指定地方取錢，這樣就解決了搬運大量銅幣的困難。上述現象反映唐代的商業水平已經發展到一個新階段。

# 唐代鑄行開元通寶

■開元通寶鐵母錢

唐高祖李淵針對幣制管理狀況混亂的局面，一改歷代以「銖」「兩」為錢名的貨幣制度，鑄行成為「通寶」的錢幣，取名為「開元通寶」。它不僅是整個唐代的主要流通幣，而且成為唐代以後一千多年的銅錢楷模。

唐代所鑄開元通寶錢的版別、樣式繁多，在唐初、中唐和晚唐各有不同。

此外，與「通寶」錢同行的還有乾封泉寶、乾元重寶、會昌開元、開通玄寶及「飛錢」等貨幣，它們曾在唐代經濟生活中造成過重要作用。

開元通寶是唐朝統治兩百八十六年中的主要流通貨幣。

唐高祖李淵建立唐王朝後，迅速發表了鑄幣政策。西元六二一年，唐高祖廢除五銖錢，開始鑄造流通開元通寶錢，這就確立了朝廷鑄幣的法幣地位。

開元通寶所說的「開元」並不是唐代的開元年間。所謂「開元」，是表明大唐取代了隋代，開創新紀元的意思。而「通寶」則指通用寶貨。

從此以後，歷代的銅錢都稱為「通寶」、「元寶」。這說明貨幣的發展已到了更高級的階段。

開元通寶錢直徑八分，重兩銖，積十錢為一兩，一千錢重六‧四斤。因為唐代一斤比西漢一斤重一倍多，因此開元通寶比西漢五銖錢略重。

最初的「開元通寶」由書法家歐陽詢題寫。四個字寫得方圓兼備，頗能顯示初唐文化的兼收並蓄。

歐陽詢的書法譽滿天下，人們一旦得到他親筆書寫的尺牘文字，就作為自己習字的範本。事實上，將中國的書法藝術與錢幣完美地結合在一起，開元通寶可謂開先河者。

　　從傳世的開元通寶錢看，唐代前期鑄造的開元通寶錢，製作精良，字跡清晰，直徑為二‧四釐米，重三‧六克。唐玄宗以後鑄造的開元通寶錢，文字不夠勻稱。此後鑄造的開元通寶錢，比較粗陋，直徑和重量都略小一些。

　　唐代在市面上流通的開元通寶一般為銅質，錢外廓寬粗，並且不均勻；內廓極細，圓穿鑄造方正。

　　除銅質開元通寶外，唐初還鑄造過金、銀質開元通寶，其中銀錢較多，金質開元傳世較少。這兩種貴重金屬幣僅限皇家賞賜，供顯貴玩賞，並不投入流通。另外還有玳瑁、鐵、鉛等材質。

　　開元通寶版制較多，可分為早中晚三期。

　　唐初開元輪廓精細，文字精美。中期錢背多鑄有星、月等各種紋飾。晚期的外部較闊，而且由於銅料冶煉不精，鑄幣粗糙，以「會昌開元」為代表。

　　開元錢和其他唐代錢的背部，有的有一個突出的圓點，有的有一條或幾條彎曲的凸錢，有的甚至還有浮雲的標記，這種圓點和凸錢，錢幣學稱之為「星月紋」。

　　錢背星紋分穿上星紋，穿下星紋，月紋上彎叫仰月，下彎叫俯月，穿旁側立稱側月。關於開元錢的月紋和浮雲史書上沒有明確記載，以至於給人留下了無盡的遐想。

　　除此之外，開元通寶還有「元」字左挑右挑、雙挑之分。最初鑄的開元錢元字不挑，武德年間所鑄，元字左挑出現。右挑開元錢應是貞觀年間及其以後所鑄的；雙挑開元數量極少，應是高宗時的紀念幣性質，有大事件發生時所鑄。

唐玄宗李隆基以後的元字仍有挑筆的情況，但因其銅質、重量、輪廓等均與以往不同，分辨起來比較困難。

　　與開元通寶同行的還有乾封泉寶、會昌開元及「飛錢」等其他幾種貨幣。

　　唐高宗李治即皇位後，武則天涉理朝政時，在泰山舉行規模空前的封禪盛典，參加的人竟排數百千米，在中國歷史上是絕對的罕聞。同年改元乾封，在泰山立「雙束碑」，意在武則天與高宗共創天地。

　　有人認為是封禪活動花費太大了，朝廷想透過鑄大錢補補虧空。因此，朝廷下令鑄造乾封泉寶錢，取代開元通寶。

　　這次不光是鑄大錢，還修改了幣制，連貨幣的名稱都改了。為了確保新錢流通，唐高宗還下詔嚴禁私鑄，違者立判死刑。

　　但新錢出來後，商人拒絕使用，根本流通不了。第二年就只好下詔把這大錢廢了，並昭告天下：開元通寶為「萬世之法」，今後不再進行貨幣改制。乾封泉寶禁止流通後，仍然有儲值功能，可以兌換。

　　唐代「安史之亂」爆發時，為了籌措軍費，填補財政虧空，唐肅宗李亨根據御史中丞兼鑄錢史第五琦的建議鑄造乾元重寶錢，但開元通寶依舊通行。

　　西元七五八年，乾元重寶發行。乾元重寶錢徑二‧六釐米至三釐米，重約克至十克，每吊重十斤。錢文為隸書，直讀，「乾」字的「乞」字成釣魚鉤狀。

版別分狹緣、闊緣、光背、背星、月、祥雲、瑞雀、背十、背洪等，按照一當十的比價與開元通寶並行流通。

在朝廷財政開支重壓下，唐王朝又發行了乾元重寶當五十的大錢，該錢背面的外廓為重輪，俗稱重輪乾元錢，這種大錢三‧六釐米左右，重約二十克，每吊重二十斤，但是對開元通寶作價則為一當五十。

這樣，重輪乾元錢、乾元重寶、開元通寶三錢並行流通僅半年，市面出現了混亂。理財家第五琦因推行貨幣減重政策，引起物價狂漲，被貶職。接替第五琦為鑄錢史的是度支郎中兼侍御史劉晏，他擔任新職務後立即改行新的貨幣政策，注意了調整開元通寶與重輪乾元錢。

唐代宗李豫繼位後，鑄錢史劉晏更進一步將乾元重寶、重輪乾元錢的法定價值貶值到它的實際價值以下，使這兩種乾元大錢成為良幣，有意識地利用劣幣驅逐良幣的規律，迫使其退出流通領域，從而恢復了原來開元通寶錢的正常流通制度，收到統一幣制的效果，這在貨幣史上具有典型意義。

唐武宗李炎繼位時，佛教繁興，寺院林立，朝廷的銅都被放進寺院，成為寺院財產，脫離正常的社會生產等經濟生活。無銅鑄錢的局面再也支持不下去了，於是，一個毀佛鑄錢的構思漸漸在唐武宗的腦海中形成了。

西元八四五年，唐武宗毅然下令毀佛鑄錢。令僧人還俗，沒收寺院良田，和尚尼姑們遣回原籍，從事生產。寺院內的佛像，僧尼鉢盂等用具通通被砸碎，化銅鑄錢。

當時的揚州率先鑄造背有「昌」字的開元通寶錢進呈，朝廷下令各地仿鑄，並於錢背添鑄各自州名以便檢查。這種背文記地名的開元通寶俗稱「會昌開元」。

會昌開元鑄行後，社會上的財富增加了，貨幣流通暢快，人民生產、生活安定了，也就逐漸得到了大多數老百姓的擁護。毀佛鑄錢也使唐武宗成為歷史上的一位明君。

後來由於朝廷有限的鑄幣量不敷使用，各地出現了飛錢。飛錢又稱「便換」，就是用一張紙券，寫明錢數，蓋上圖章，分為兩半，雙方各持一半，用飛快的速度發往目的地。雙方所持紙券相合，核對無誤，即會拿到現錢。

此項辦法，是中國匯兌業務的初始，也是世界第一。此方法對於北宋「交子」的出現有很深的影響。

飛錢成為了唐代後期貨幣流通中的重要制度。這種新的流通方法，對於後世金融業的發展貢獻頗大。

**閱讀連結**

飛錢成為了唐代後期貨幣流通中的重要制度。這種新的流通方法，對於後世金融業的發展貢獻頗大。

唐代最後一種錢是開通玄寶，直徑二‧二釐米，大小和乾元重寶小平錢相似，錢文隸書，光背無文。據史書記載為桂陽錢監所鑄，數量極少。因其錢文為「玄寶」，一般認為是功德錢。

總之，開元通寶是唐代的主要流通貨幣，鑄行時間長，數量大，版別也較多。

# ▌五代十國的通寶錢

■五代十國時期開元通寶鐵母錢

　　五代十國時期，是繼春秋戰國、三國、南北朝之後的又一次大分裂的割據時期。唐代一直流通的開元通寶，至五代十國時期依舊在很多地方流通。

　　在五代十國這段較為特殊的歷史時期裡，幾乎每一個曾經獨立過的政權都發行過自己的貨幣。但這些貨幣的形制與幣值其實和開元通寶沒有區別，只不過根據年號，重新更改了名字而已。

　　五代十國時期的貨幣，總結起來有兩大特點：一是大額錢幣盛行。二是這個時期的鑄幣大部分採用的是「鐵」這種最為普通的金屬。

五代十國也簡稱為五代，一般認為從西元九〇七年朱溫滅唐至西元九六〇年北宋建立，短短的五十四年間。

　　在此期間，中原相繼出現了後梁、後唐、後晉、後漢和後周五個朝代，南方還相繼出現了前蜀、後蜀、吳、南唐、吳越、閩、楚、南漢、南平和北漢十個割據政權。

　　五代的開國之君，都是前朝的藩鎮，靠軍事割據發展起來的，這一時期的歷史特點是戰爭頻繁，政權屢有更迭。其錢幣種類極多，但留存下來的非常少。

　　後梁曾仿照開元通寶，在開平年間鑄造開平通寶。「開平」為五代朱溫年號。這種錢幣鑄量不多，且傳世極少，為極罕見品。

　　開平通寶的形體仿照開元錢，但鑄造製作上更粗糙，邊廓不整齊。錢幣直徑三·五釐米，錢文隸書，旋讀，書法較差，筆畫生硬。鑄工與銅質均不佳，錢文書法十分差，幾乎不成文。

　　後唐莊宗李存勖以恢復唐代正統為號召，滅掉梁之後鑄行新錢，仍然沿用開元通寶之稱，中間屢遭變故，舊錢日益減少。

　　後唐莊宗時，兵事漸少，商業逐漸繁榮，市場中的錢幣太少，不利於流通，於是在天成年間鑄天成元寶，以便流通。

　　「天成」是五代十國時期後唐明宗李嗣源的年號。由於當時各藩鎮割據自立，戰亂紛擾，社會經濟受到重創，幣制極不穩定。

天成元寶錢徑二‧四釐米，錢文隸書，旋讀，書法渾厚凝重，輪廓闊壯，較為精良。

後唐最後一個皇帝李從珂於清泰年間鑄行青泰元寶。錢徑三‧四釐米，錢文隸書，順讀，書法平平。由於後唐十多年間變動迭起，所以現在學者有認為青泰元寶是仿自北宋的崇寧重寶，並不是後唐清泰年間所鑄。

後晉王朝的建立者是後晉高祖石敬瑭。西元九三六年，契丹主做冊書封石敬瑭為大晉皇帝，改元天福，國號晉。石敬瑭稱帝后，割燕雲十六州給契丹，承諾每年給契丹布帛三十萬匹。

石敬瑭執政時期，是後晉社會最安定，經濟發展，人民生活相對較好的時期。石敬瑭本人非常勤勉，生活廉潔，政績突出，應是一個受臣民愛戴的皇帝。石敬瑭最大的功績便是統一了後晉的貨幣，使經濟趨於繁榮，人們安居樂業。

後晉只鑄有一種錢幣天福元寶，因為後來讓民放鑄，所以官鑄錢少，民鑄錢較多。

今天所見的天福元寶，版式參差不一，輕重不一，有直徑二‧一釐米至二‧五釐米的，也有直徑二‧一釐米以下的，錢文隸書，書法平平。

形制較大的天福元寶應該是官制的，鑄工上看相對精緻，小型的可能是民間自鑄的，銅質較差，文字粗糙。

因為當時的銅價較高，鑄錢無利可圖，而且銅材不易得，民間往往把古錢銷毀，改鑄銅器，所以，天福錢稀少難得。

當時各處藩鎮割據，不理會朝廷，只是逢年過節，才向皇帝進貢，以表示君臣關係未斷。

據史料記載，西元九三七年夏，宣武軍節度使楊光遠進助國錢，現傳世有「助國元寶」一種，直徑二・三釐米，錢文篆書，書法平平，鑄工一般，可能是當時楊光遠所鑄。

後漢僅傳了兩代，共計四年，只有「漢元通寶」錢，此錢直徑二・二釐米，錢文隸書，書法似開元錢。

後周時只鑄「周元通寶」一種，為周世宗柴榮所鑄，書法、銅質、鑄工均精美，乃毀佛所鑄之錢。

如果以經濟而言，五代十國時期的重心不在北方五國，而是南方十國。十國統轄的地區人多物豐，而在錢幣的製作上也比北方五國要好。十國之中，吳越、荊南、北漢等國沒有鑄錢。

前蜀於西元五一〇年鑄永平元寶，錢徑二・四釐米，錢制仿唐代開元通寶，鑄工頗佳，但極罕見。此外有永平通寶，製作及書法與永平元寶不相同。

前蜀高祖王建時鑄行通正元寶，版式較多，錢文書法鑄工不及永平錢，但數量較多。後來前蜀改國號為大漢，又號為天漢，鑄行天漢元寶，錢制同以往，錢文書法鑄工均較好，數量不多。

後來又恢復國號為蜀，年號天光，鑄光天元寶。錢文「光」字用行書，其餘為隸書，書法還算良好。

# 貨幣歷程：歷代貨幣與錢幣形式

流通寶貨 鑄行通寶錢

　　王建去世後，其子王衍繼位，史稱後主，於乾德元年鑄乾德元寶。錢制同以往，有光背無文與背月兩種。後來鑄行咸康元寶，錢幣背後有月文。

　　以上兩種錢數量較多，鑄工頗精。但不久後唐來伐，王衍出降，國滅。

　　後蜀高祖孟知祥鑄行大蜀通寶。大蜀通寶錢的直徑為二‧三釐米，錢文隸書，鑄工一般，書法較劣，但傳世較少，比較罕見。

　　孟知祥的兒子繼位後改元廣政，鑄廣政通寶，制式同以前一樣，但書法鑄較前品為佳，數量較少，為罕見品。後又鑄廣政通寶鐵錢，版式與銅錢沒有區別，傳世也較少。

　　閩王王審知政權仍然行用唐代年號，以示忠貞不移，鑄開元通寶錢，版式仿會昌開元錢，錢背穿上有一「閩」字，過去曾被誤認為是會昌開元。

　　此外有鉛鑄錢，版式同銅錢，分光背無文、背閩、背福、背殷三種。

　　後又鑄開元通寶當十大錢，直徑三‧八釐米，字大而不工整，而且有省筆缺畫，背有星文、月文、閩字。另有鐵錢、鉛錢，版式同銅錢一樣。

　　王審知的弟弟王延政曾稱大殷皇帝，改元天德，鑄天德通寶大鐵錢，以一當百。當時也鑄有銅錢，比鐵錢小，被稱為天德重寶，書法較工整，背文「殷」字，有楷隸兩體。

閩景宗王延曦時期鑄永隆通寶大鐵錢，直徑達四釐米，書法拙劣，背面有閩字或星月文及光背，均較罕見。

　　五代十國時楚國第一代君主馬殷自立楚王時，曾鑄有天策府寶。此外還曾鑄有乾封泉寶銅、鐵大錢和乾元重寶大銅錢。馬殷因聽史家有湖南產鉛、鐵之說，又聽從高郁的獻策，鑄鉛、鐵錢，十文當銅錢一文，如乾封泉寶、乾元重寶。

　　天策府寶錢是錢幣界盛傳的珍品，歷來為收藏家夢寐以求之物。

　　有一首詩描述了過去人們對此錢的重視程度：

　　易求時且百金直，喜遇翁賞一飯加。有寶若談天策府，不貧於古野人家。

　　這句話說的是清代戴熙之父在病中得到一天策符寶，大喜過望，居然在把玩該錢時多吃了一碗飯。

　　天策府寶錢製作皆精，天策府寶大如當十，厚肉，字文明坦，楷書。前人認定其錢為馬殷開天策府時所鑄的紀念幣。

　　有學者認為天策府寶銅錢兼有紀念幣和硬通貨的兩種功能。硬通貨是指它不同於一般貨幣，而是在特殊情況下，如楚境內外貿易等，作為一種支付手段。

　　《十國紀年》記載：「馬殷鑄鉛鐵錢，行於城中，城外特用銅錢。」城中城外指的是境內境外，銅錢則非天策府寶莫屬，「特用」兩個字具體地點明了該項錢硬通貨的性質。

**閱讀連結**

「周元通寶」始鑄於周世宗柴榮時期的西元九五五年，是五代時期鑄行最多、質量最好的銅錢。

當時銅材緊缺，周世宗便下令毀佛鑄錢，但遭到佛教徒和滿朝大臣的反對。

可周世宗才智過人，搬出了「捨身飼虎」的典故，他說：「佛祖說以身世為輕，以利和為急，使其真身尚在，敬利於世，猶欲割截，豈有所惜哉！」

意思是說：佛是造福眾生的，假如他活者，為了救人，他的真身都可毀去，又為何捨不得銅像呢？此番言論，說得反對者啞口無言，只好服從。

# ▌宋遼金西夏通寶錢

■宋代的「大觀通寶」錢

北宋的經濟繁榮程度可謂前所未有，農業、印刷業、造紙業、絲織業、製瓷業、航海業、造船業均有重大發展。

南宋時期對南方的開發，促成了江南地區成為經濟文化中心。兩宋鑄錢多而複雜，除少數外，每個帝王的每個年號差不多都鑄錢，而且鑄幾種錢，如天贊通寶，天顯通寶，會同通寶，天祿通寶。

在遼金西夏的通寶錢中，以金錢最為精美，但金國所鑄通寶錢種類不多。遼錢製作均較粗糙，錢背常常錯範，文字湮沒。西夏錢幣制度深受北宋影響，都是年號錢。

宋代開國之初，為了滿足日益增長的經濟需求，宋太祖趙匡胤時期每年鑄幣達到了八十萬貫，所鑄造貨幣仍然是通寶錢。宋代的鑄幣比唐代要複雜，比如幣材，有銅、鐵、金、銀，可是銅錢和鐵錢各有各的流通區域，金錢、銀錢多當做禮品和紀念之用。

宋代通寶也分有平錢、折二、折三、折五和當十、當百等好幾種。所謂折二，就是一錢當二錢用，以此類推。看起來好像繁瑣一些，實際使用時就像現代的紙幣和金屬輔幣一樣，多種面值還更方便一些。

年號錢在宋代最為流行。兩宋三百多年，十多個皇帝有五十多個年號。除了宋太祖趙匡胤學開元通寶的樣鑄造宋元通寶外，後來的宋代皇帝都鑄過年號錢，總計有四十多種。

年號只是表明造幣的年代，至於錢的大小和輕重，變化不大，也不妨礙流通。錢文的書法，篆、隸、草、楷、行書

都有。最早這樣做的是宋太宗趙光義，他用草書、楷書和行書三種字體各書寫了「淳化元寶」幾個字，以後就形成風氣。

相傳蘇東坡寫過元豐、元祐錢文。宋徽宗趙佶用獨創的瘦金體寫了「崇寧通寶」「大觀通寶」等。楷書、行書比篆書、隸書更加能夠運灑發揮。宋代錢幣上的書法，在藝術上達到了空前的高度。

宋代曾鑄造大量的金銀錢，可以說是中國歷史上使用金銀錢最多的朝代。不但宮廷中多，民間也多。北宋末年，金人攻入汴京時，在宮中發現不少金銀錢。

宮廷中的金銀錢主要用來賞賜親王、大臣等。當時，有帝王死了，就用來殉葬。

有一種金銀錢叫「招納信寶」，是當時大將劉光世所鑄。他在對金作戰中，知道在金人軍營中的漢人很想家，就專鑄這種信寶，叫俘虜把它帶回去，分送給那些人，作為通行證或招降證一類的東西，拿了它就可通行回來。

北宋由於和遼、金、西夏作戰，歲輸繁重，曾引起貨幣幾次大貶值。宰相蔡京鑄了一種一枚當十枚用的大錢，可是大錢的實際重量還不到三枚小錢，而面額卻大了許多。這種做法在民間遭到了反對。命令下來後，市區的商舖店號乾脆關門停業等於罷市。

遼代物價甚低，貨幣使用量不多。遼世宗耶律阮時，上京還處在交易無錢而用布的狀態。各地都用不同貨幣，如聖宗以前所鑄的遼錢極少，遼聖宗耶律隆緒之後稍微多了一些，

但在流通貨幣中，所佔數量仍甚少，不及百分之二。主要的是宋錢，其次是唐及五代及其他朝代的錢。

在對外交易方面，遼主要與宋和西夏等透過邊境上進行互補性的交易。遼錢一般實行五等錢制，即：小平、折二、折三、折五、折十。遼代的通寶錢主要有天贊通寶、天顯通寶、保寧通寶、重熙通寶和清寧通寶。

天贊通寶現存一枚在上海博物館，錢重三・五克，文字清晰，品相極佳，為遼錢中難得一見的珍品。其中「通」字「之」部不帶點捺，向上撩揚，有行草書的意味，錢幣界稱之為「虎尾通」。

「天顯通寶」四個字隸書，光背無文。徑二・四釐米，重約二・七克。此錢製作工整，文字自然，古樸可愛。

應曆通寶錢文粗糙，制式為小平，徑二・三五釐米，現存世僅有數枚。「應曆通寶」四個字楷、隸相雜，文字樸茂，單點通。

其中「曆」字省略廠部的左筆，借用內穿右廓，與「天祿通寶」的書法特徵如出一轍，明顯見遼錢風韻。被列為「中國古泉五十名珍」之一。

保寧通寶存世量極少，版式有大字、小字、寬緣、細緣、狹穿、廣穿、背月紋等區別。其錢文書體隸，渾厚樸拙，古意盎然，具有獨特的民族風格，可謂影響了整個遼代錢風，是遼錢中的稀見品之一。「中國古泉五十名珍」之一。

「重熙通寶」四個字隸書，光背無文。徑二・四釐米，重二・七克至三・四克。重熙錢傳世稍豐，而且不斷有小

# 貨幣歷程：歷代貨幣與錢幣形式

流通寶貨 鑄行通寶錢

批量出土，已見版式較多，錢文有大字、小字之別。重熙通寶的鑄行是遼錢史上一座分水嶺：重熙前出錢甚少，此後遼錢便逐代豐富起來。

「清寧通寶」為楷書，唯「寶」字尚留隸韻，光背無文。此錢有大樣小樣之分，大樣筆畫質樸，小樣四個字清奇，「寧」字寶蓋下從「下」而不從「心」，「通」字「甬」頭為「ˇ」，製作也較粗疏。徑二·二釐米至二·四釐米，重二·七克至三·四克。此錢傳世較多，歷年均有出土。

金代早期使用舊有的宋、遼錢幣，直至金、宋間第二次議和後，戰爭暫告結束，才發行自己的貨幣。

金鑄行銅錢始於金海陵王完顏亮時，鑄行正隆通寶小平錢，其中有一種俗稱「五筆」正隆元寶錢較少見，錢徑二·五釐米，重六·七克。

金代大定通寶錢，有小平、折二兩種幣值，小平錢除光背外，另有背「申」、「酉」字紀年，版別較多；折二大定通寶錢較少見，錢徑二·八釐米，重九克。

金代泰和通寶真書錢，有小平、折二、折三、折十共四等幣值，均罕見。此間還鑄行泰和重寶折三、折十篆書錢，折三錢直徑三·一釐米，重八·四克，折十錢直徑四·五釐米，重十六·一克。

金代還有崇慶通寶和崇慶元寶錢，通寶錢有小平、折二兩種幣值，錢文真書。元寶錢僅見折五一種，篆書，錢徑三·五釐米，重十一克。後又鑄至寧元寶錢，實物僅見折五錢，一種幣值，真書，錢徑三·四釐米，重十一克。

金代貞祐通寶有小平、折二、折三共三種幣值。其中有鐵錢極罕見，錢徑三‧五釐米，重十一‧四克。

在金代滅掉北宋以後，曾扶植一個大齊國，建都大名府，後遷汴梁，皇帝是劉豫，年號阜昌。

在此期間鑄行阜昌元寶小平錢，直徑二‧七釐米，重四‧五克；阜昌通寶折二錢，直徑二‧八五釐米，重七‧三克；阜昌重寶折三錢，直徑三‧三釐米，重九‧二克。均為篆書。大齊國在金代羽翼下雖僅存七年，但所鑄錢幣卻清秀娟美，比一般北宋錢精整。

西夏貨幣銅、鐵錢並行，除用歷代舊錢及北宋錢外，並鑄有西夏年號的「寶錢」和「元寶錢」，重量與北宋錢略同。但鑄造數量很少，流通中多為北宋錢。初鑄的西夏錢的錢名用西夏文字，以後接受漢族文化，錢名以西夏文與漢文並用。

西夏仁宗李仁孝時，為西夏經濟、文化鼎盛時期，故在西夏諸錢中，所鑄通寶既有西夏文字又鑄漢字，並且銅、鐵錢都有。有天盛元寶、乾祐寶錢和乾祐元寶。

天盛元寶堪稱鑄量最豐、製作最工整、文字最秀的一品。「天盛元寶」四個字為秀麗楷書，光背無文。徑二‧四釐米，重三‧七克左右。此錢傳世及出土數量甚大，不亞北宋諸錢。

乾祐寶錢鑄造工整，錢文字體精美。形制較以前幾種錢幣更加精緻。當時鑄造量小，如今存世量極少，古錢珍品。

乾祐元寶銅材少，鐵材多，錢文有行書、楷書，楷書有長元、短元等版別。

因西夏地域缺銅而多鐵，天盛鐵錢世間所存甚多。一九八二年內蒙包頭出土一批西夏鐵錢中，首見形體略小，背穿上鑄「西」字之天盛元寶。

西夏崇宗李乾順重視漢文化，最突出的表現就是在鑄幣方面，從元德年間開始，一改過去只鑄西夏文錢的狀況，出現了用漢文鑄造的元德通寶、元德重寶，這是西夏自鑄幣以來第一次正式鑄行的漢文流通貨幣，也是當時社會歷史背景的真實反映。

元德通寶為漢文錢，有楷、隸、行三種錢文。其直徑一般在二釐米至二·五釐米之間。隸書品也不多見，尤其楷書、行書品極其難得。上海博物館藏品真書體元德通寶小平錢，直徑二·四釐米，厚〇·一五釐米，光背。是品傳世極罕。

元德重寶的版式為折二型錢。錢文楷書，直徑一般為二·七釐米。今存世僅有兩三枚，珍罕無定價。「中國古泉五十名珍」之一。

## 閱讀連結

南宋寧武軍節度使劉光世在統兵抗擊金兵時瞭解到，金國士兵因長期在外作戰疲勞不堪，思念故鄉。

劉光世眉頭一皺計上心來。鑄造了一大批金、銀、銅錢。所有錢幣上通通印上了「招納信寶」字樣。

每次俘獲了金兵，劉光世都不殺死，反而讓他們拿一些這種錢帶回去給同伴看。有誰想開小差回家，到江邊，見了把守渡口的宋兵，只要拿出這種錢作為憑證，就會通通放過。

這消息一傳十、十傳百，不脛而走。一時間，去宋營取錢後逃走的金兵絡繹不絕。

## █元代鑄行的通寶錢

■元代錢幣

長期遊牧而又善於在馬上作戰的蒙古族，他們先是打敗了遼、西夏和金，然後打敗趙宋皇朝，歷史再一次改朝換代。朝廷存在的方式是更替型的，而文明的存在方式是積累的，並且能長期延續。元代鑄造的通寶錢就說明了這一點。

元代鑄錢形制不統一，大小、折當、寶文、錢文結構不定，無論從數量、形制還是製作工藝上都不及兩宋，比較隨意。

元代的錢幣相對來說鑄造的比較少，主要是由於元代行用紙幣和銀錠，從而使銅錢的鑄造處於從屬地位。

## 貨幣歷程：歷代貨幣與錢幣形式

流通寶貨 鑄行通寶錢

　　元朝幣制的最大特點是長期、廣泛、大量地發行和流通紙幣。

　　元紙幣為主要貨幣，銅錢種類多數量少。鑄造的通寶錢有大朝通寶、至元通寶、至正通寶、元貞通寶、大德通寶、至大通寶、大元通寶、延祐通寶、至治通寶、泰定通寶。除至正通寶中有幾種背文記值外，其餘錢背文無記值。

　　大朝通寶是蒙古汗國在改稱元以前稱「大朝時鑄」。「大朝」是成吉思汗鐵木真建立蒙古汗國時的國號，源自鐵木真衷心傾慕的耶律阿保機所建的契丹汗國的國號「天朝」。

　　大朝通寶錢文楷書，書法渾厚雄健，光背無文。有銀質、銅質兩種，均為小平錢，存世極少，銅質更罕見。大朝通寶屬於「中國古泉五十名珍」之一。

　　大朝通寶有銀、銅兩種，銅比銀少，但兩種數量都不多。大朝通寶銅鑄小平錢。直徑兩釐米，厚○‧一四釐米，穿○‧五釐米，錢幣上沒有錢文。

　　至元通寶四體文錢是元順帝妥懽帖睦爾時鑄造的。至元通寶大小均有，並且部分錢幣背面鑄有八思巴文。其四體文錢是這一時期的傑作，在中國錢幣史上具有特殊意義。

　　元世祖忽必烈於西元一二八五年至一二九四年也曾鑄造過至元通寶錢，但只有漢、蒙兩體小平至折三共六品。而元順帝所鑄造的至元通寶版式繁雜，變化無常，除光背外，有背「玉」、背星月、背異文及供養錢等。

至元通寶四體文錢錢文有四種：面文「至元通寶」四個字為漢文，背文穿上、穿下直讀為蒙文八思巴文，穿右為察合臺文，穿左為西夏文。因此，該錢被稱為「四體文錢」。

在歷朝歷代的古錢幣中，面文和背文多達四體的，僅此一例，別無其他，可謂「空前絕後」。

至元通寶直徑四‧五釐米、厚〇‧二五釐米，重二十四克。保存完好者，可見老舊包漿，遍體紅鏽夾有綠鏽，是不可多得的收藏佳品。

至元通寶是隨著中世紀蒙古的崛起和元帝國的建立應運而生。在對外擴張的過程中，蒙古人依仗強悍的騎兵軍團征服了一系列文明程度較高的封建王朝。在入主中原之後，漢文化的博大精深、高雅絢麗和輝煌燦爛使征服者深受震撼，稱羨不已。

漢文化的強勢地位和獨特魅力以及統治漢地的實際需要使元代執政者逐漸接受並採用了中原王朝的政治、經濟、文化體制。建立貨幣制度即是其中之一。

在當時，中原地區使用貨幣的歷史已達兩千餘年，到兩宋時貨幣制度漸趨成熟。元帝國疆域遼闊，海陸交通發達，中外貿易往來頻繁，江南地區的商業一度繁榮興盛。在這種經濟形勢的推動下，元朝朝廷仿效宋代幣制確立了不兌換的紙幣本位制。

有元一代，朝廷因強制發行紙幣「寶鈔」，對金屬貨幣的鑄造嚴格限制，所以銅錢數量之少可謂空前絕後。元代銅

# 貨幣歷程：歷代貨幣與錢幣形式
## 流通寶貨 鑄行通寶錢

錢分為官鑄錢和供養錢兩種。供養錢是佛教信徒向寺廟布施時專門用於供奉神靈的私人鑄幣。

官鑄錢是由元朝朝廷監督鑄造的銅錢，種類較多，其中就包括至元通寶。

雖然蒙古執政者多次頒布禁止使用金屬貨幣的法令，但在民間，至元通寶等銅錢仍有少量流通，為當時的商業貿易發揮了應有的作用。

至正通寶也是元順帝時所鑄。內外都有廓，外廓寬平，內廓略細，「至正通寶」四漢文為直讀，筆畫粗壯厚實。至正通寶種類較多，面文「至正」的錢幣，有部分背穿上分別鑄有寅、卯、辰、巳、午五種八思巴文地支紀年；有的背穿上、下分別為八思巴文和漢文紀值數字。

元貞通寶是元成宗鐵穆耳時鑄行。錢文有漢文、蒙文兩種版式，漢文楷書，直讀，有小平、折二兩等，蒙文錢為折三型。光背無文，製作清陋，文字不清。

大德通寶也是元成宗時所鑄。錢文有漢文、蒙文兩種版式。漢文楷書、直讀，有小平錢、折二、折三等。蒙文為折三型。光背無文。

傳世大都為小型供養錢，直徑小於二‧四釐米，文字拙劣。官鑄錢，文字規範，深峻，厚重。為不多見的元代通寶錢。

至大通寶是元武宗海山時鑄行。錢文楷書直讀，有平錢、折二、折三等，邊廓峻深，光背無文。

大元通寶也是元武宗時所鑄。有漢文及蒙古文兩種，版式繁多，大小厚薄不均勻。折十蒙文的發行量比較大，較為常見。漢文「大元通寶」分大小兩種，均極其罕見，小型尤少，皆為古錢珍品。

　　延祐通寶是元仁宗愛育黎拔力八達時鑄造。形制大多為小平錢，大者極少見。存世不多，比較珍稀。

　　元仁宗另鑄有「延祐元寶」。其錢直徑為一‧二釐米至二‧六釐米，重一‧五克至三‧六克。錢面文字「延祐元寶」四個字為不規整楷書，其字從上而下而右而左直讀，錢背光而無文。

　　延祐元寶有大小錢數種，製作粗陋，文字拙劣，形制的雜亂不光是在元代錢中，就是在歷代鑄幣史上也屬少見的。延祐元寶錢流於世上的很少，大多為廟宇所造供養錢。

　　至治通寶是元英宗碩德八剌時鑄造。存世量極少，如今價格頗高。元英宗另鑄有「至治元寶」錢。存世也頗少。

　　至今發現的這類年號小錢基本上都是一些供養錢。

　　供養錢大多銅色金黃，文字淺平，筆畫圓渾。

　　泰定通寶是元泰定帝也孫鐵木兒時鑄行的漢文小錢。鑄文楷書直讀，有大、小兩種，大錢鑄制精工，邊廓完整，面文清晰。光背無文。另有「泰定元寶」存世。這兩種錢幣鑄量皆不大，存世量極少。

**貨幣歷程：歷代貨幣與錢幣形式**

流通寶貨 鑄行通寶錢

在上述通寶錢中，尤其以元順帝至元通寶製作較精良，錢文較精美，而其他元代通寶錢，也在不同層面上體現了這一時期的特點。這些通寶錢，豐富了中國古代的貨幣文化。

## 閱讀連結

元代是以行鈔為主，很少用銅錢。為了推行統一的純粹紙幣制度，在近百年的時光裡，銅錢的命運是時行時禁，沉浮不定。

元代幣制的最大特點是長期、廣泛、大量地發行和流通紙幣。元代時期，包括四大汗國在內，領域橫跨歐亞，由於紙幣本身非常輕便，攜之可「北逾陽山，西極流沙，東盡遼東，南越海表」。

這使當時的歐洲人覺得不可思議，旅行家馬可·波羅就驚奇地說：「可以確鑿斷言，大汗對財富的支配權，比任何君主都來得廣泛。」

# 明代鑄行的通寶錢

■大中通寶

　　明代初期曾用鈔不用錢，後改為鈔錢兼用，以紙幣為主，但明代只發行一種「大明寶鈔」紙幣。明代基本一個皇帝鑄一種年號錢，共有十個皇帝鑄過年號錢。因避諱皇帝朱元璋之「元」字，明代所有錢幣統稱「通寶」。

　　明代錢幣，早期與後期的文字、形制都不相同。明代初期的大中、洪武錢為早期風格的代表，當時各局均有鑄造，版別較多，錢文自成系統，存世多寡懸殊。

　　明代中後期，農產品呈現糧食生產的專業化、商業化趨勢。商業的繁榮，推動了明代鑄幣政策的改革。

　　明代所鑄通寶錢，主要的有大中通寶、洪武通寶、永樂通寶、宣德通寶、弘治通寶、嘉靖通寶、萬曆通寶、泰昌通寶、天啟通寶。

大中通寶是明太祖朱元璋建國前稱吳王時鑄於應天府的錢幣。此錢為小平大型錢，背穿上有一「濟」字，世所珍罕。大中通寶具有相當文化價值，是「中國古泉五十名珍」之一。

面文「大中通寶」楷書對讀，有光背、背記值、記地等，記地有「北平、豫、濟、京、浙、福、鄂、廣、桂」凡九種。

大中通寶分五種，有小平、折二、折三、折五和折十，而且除寶源、寶泉兩局外，朱元璋還陸續發行帶有地名的貨幣，如鄂、京、浙、廣等簡稱，鑄於銅幣背面，因之形成了多種等級的大中銅幣系列。

大中通寶背十錢價格很平，而部分紀地錢為了昭示朱元璋的豐功偉績，只象徵性發行，傳世極少，具有極高收藏價值。

洪武通寶是明太祖於西元一三六八年命京城工部寶源局及各省寶泉局鑄行的，由工部主管鑄錢，下設寶源局。朱元璋為避諱元代的「元」字，把所鑄之錢錢文一律叫「通寶」而不叫「元寶」，而不只是為避諱他自己的名字，以後所鑄之錢也都沒有元寶錢文。

洪武通寶分為五等，規定小平錢，每文重一錢，折二錢重二錢，當三錢重三錢，當五錢重五錢，當十錢重一兩。同時繼鑄大中通寶錢。

永樂通寶是明成祖朱棣時期所鑄，鑄造工藝精湛，非常工整，書法也是一絕，是中國貨幣史上最精美的錢幣之一。在明代初期，這些鑄造精細、工整的永樂通寶錢，在對外貿

易當中發揮了非常重要的作用，成為六百年前的國際貿易中的通用錢幣。

永樂通寶的銅色紫紅。錢面永樂通寶四個字楷書從上而下而右而左直讀，其文字筆畫清秀，有宋錢的風韻，製作精湛，整齊劃一。存世所見幾乎全部為小平錢，光背無文，錢的直徑二‧五釐米，重四克左右。

永樂通寶小平錢傳世比較多，價格不高。

永樂通寶錢中還有一種折三青銅大錢，背三錢，其錢的直徑達至三‧四釐米，文字清晰，形態古樸。其研究收藏價值是非常高的。

宣德通寶是明宣宗朱瞻基時所鑄，錢制沿永樂成規，皆為小平錢，光背無文，真書直讀，製作上稍遜於永樂通寶，書法一般，版別較少。

自明宣宗以後，至明孝宗朱祐樘時，近七十年未再鑄錢。明孝宗時寶鈔信用動搖，百姓不肯使用，甚至出現了以物易物的情況。

十貫寶紗換不到三文錢，明代朝廷認為再不發行銅錢，就將無法挽回寶紗信用，而且很多利益也被私鑄商販賺取，便下詔命兩京及全國十三省重新開爐鑄錢。弘治通寶就是在此時鑄行的。

弘治通寶皆為小平錢。光背無文，真書直讀。此錢版本較多，各地所出，略有差異。弘治通寶曾由原重一錢增加到一錢二分。

弘治錢製作書法都較一般，而且鑄量也不多，沒有達到要求的數額，因為改錢重鑄新錢之時孝宗已死，明武宗朱厚照繼位，改元正德，此錢即停鑄。

嘉靖通寶是明世宗朱厚熜時所鑄，為光背小平錢，真書直讀，但含有隸意，此錢存世較多。在鑄行方面，朝廷先下詔命令兩京寶源局開鑄此錢，並令工部按照永樂、宣德時鑄錢標準在其他四省開鑄，鑄量比永樂、宣德時略有增加。

嘉靖通寶初定每文錢重一·二錢，千錢重七·八斤。至西元一五八四年時，改為每錢重一·二五錢，千錢重八斤。此外嘉靖通寶錢開始採用黃銅鑄錢，同時為防止私鑄，還提高了鑄錢工藝，鑄造出火漆、鏇邊、金背等錢。

火漆就是二次熔煉。旋邊就是用旋車銼磨邊緣，金背是指經四火熔煉之黃銅，俗稱「四火黃銅」。

嘉靖通寶錢大都為小平錢，僅在西元一五六四年時，令工部寶源局仿洪武錢五等式鑄小平、折二，當三，當十大錢，於錢背穿右側鑄：「二錢、三錢、五錢及一兩」，一兩錢穿上再加鑄「字十」。

此套錢為記重錢，各只鑄三萬，而且並未流通，只為充實內庫。因為並未流通，因此傳世也少。明世宗所出的錢比前代各錢要精美。

隆慶通寶是明穆宗朱載垕時鑄行的。此錢皆為小平錢，光背無文，真書直讀。隆慶通寶錢制每文重一錢三分，有金背、火漆。隆慶時期鑄錢比嘉靖時減少，當年兩京鑄錢僅兩萬貫，只及嘉靖時兩京鑄額的一半。

明代前期的這一階段,因大力奉行寶鈔政策,對銅錢控制嚴格,三番兩次停鑄、禁用,即使開禁也有限制,要不就收入內庫,充作庫存。

所以造成兩種結果,一是民間私鑄猖獗,可民間又因銅材缺乏,就用古錢,但古錢也有限,於是就私鑄古錢,以作流通,這是因為私鑄本朝錢幣刑罰很重;二是促使白銀使用普遍化,明時把銀鑄成馬鞍形,名曰「元寶」,也有其他形狀,稱「銀錠」。

鑄錢量上升是在明神宗朱翊鈞時期,這是明代鑄錢的轉折,也是明代的轉折。此時所鑄的萬曆通寶,版本較多,萬曆小平錢為真書直讀,大多背無文,少數背鑄有文字或星月紋,但都較罕見。

萬曆通寶錢有折二錢,也為真書直讀,狹廓,雙點通,錢徑為二‧八釐米。萬曆通寶錢由兩京及全國各省為鑄行,兩京鑄金背、火漆,其他各地只許鑄鏇邊。

西元一五九二年開始,開支遞增,因此戶部、工部等機構都新開錢爐鑄錢。由於鑄量明顯增加,而銅材又缺乏,銅價上漲,許多臨時官爐無利可圖,開爐不久即關門大吉。

工人們無以為生,便自行私鑄,當時私錢名稱很多,像歪脖、尖腳、胖頭等,流傳很廣,至崇禎時仍存,現存的也有。

泰昌通寶是明光宗朱常洛時所鑄,是小平錢,真書直讀,銅色淡紅,也有黃銅錢,版本不多,有背月,背星錢,還有錢徑達二‧九釐米,大如折二錢的寬廓大樣錢。也有錢徑二‧三釐米至二‧四釐米的小錢。

# 貨幣歷程：歷代貨幣與錢幣形式

流通寶貨 鑄行通寶錢

　　明熹宗朱由校鑄泰昌通寶錢只一年，第二年便開鑄天啟通寶。並設立了戶部寶泉局，稱「錢法堂」，從此由戶部主管鑄錢。

　　天啟通寶開始鑄造時，為小平錢，後來開鑄當十錢。錢重原定一‧三錢，千錢重八‧八斤，但後來由於官鑄過於濫惡，小錢僅重○‧七錢，千錢僅重四‧八斤，含銅量不足三成。

　　天啟小平錢分背無文和背有文兩大類，背文比萬曆錢複雜，背鑄有星月紋的種類多；背有文分記重，記事，記局、記地。

　　背記事為「奉旨」兩字，是當時宦官、大臣奉旨辦事造錢的意思。天啟通寶小平錢不僅背文多，其他如字文大小，文字水平，輪廓寬窄，錢文結構也有諸多不同，很複雜多變。

　　天啟通寶當十錢也分背無文和背有文兩類，折二錢則大都背無文，存世也較少。這兩種錢都比較少見。

　　崇禎通寶是明思宗朱由檢時所鑄。錢文真書，通寶的「通」字有單點、雙點之分。有小平、當二、當五等。小平錢徑一般二‧四五釐米，重三克；當二錢徑一般二‧七釐米，重三‧七克；當五錢徑三‧三釐米，重六‧二克，南都錢較輕。

　　崇禎通寶錢是中國古代貨幣史上的第一個鑄幣高峰，而其版別之複雜、品類之繁多，尤以其繁縟的背文、含義，至今有的都難以辨識。

其間的輕重沒有什麼規律。錢文「崇禎通寶」四個字，以楷書書寫，從上而下而右而左直讀。錢背有星月，也有的有奔馬圖形，俗稱「跑馬崇禎」。

總之，明代所鑄通寶錢早期狹輪，文字挺秀；後期外輪變寬，錢文以宋體為主。

## 閱讀連結

眾所周知，洪武通寶是明代開國皇帝朱元璋時所鑄行的銅錢，製作精良。

有人認為，洪武通寶是明代鑄造的第一批錢幣，其實這種說法並不準確。

早在元代末期時，朱元璋打敗勁敵陳友諒定國號「大明」後，就開始鑄造「大中通寶」錢。洪武通寶是延續了大中通寶的形制和體例。朱元璋開國之初所實行的鑄幣政策，迅速地統一了全國貨幣，結束了元代末期以來的貨幣混亂狀態，對促進當時的政治經濟和社會穩定造成了積極的作用。

# ▌清代鑄行的通寶錢

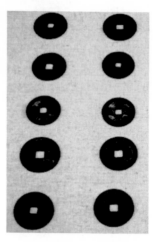

■清代錢幣

清政府沿襲前代遺留下來的貨幣制度，即白銀和銅錢兩種貨幣同時流通，具有同等合法性。這兩種貨幣有各自不同的使用範圍，一般情況下，國家財政收入、官員俸祿、兵餉、商人大筆交易多使用白銀，而民間零星交易則使用銅錢。

清代貨幣中的特點是，各地使用的貨幣並不統一，尤其是各省鑄造的銅錢，只在本地流通，因此各省對貨幣調整的措施具有本地特色，且在同一時期內，各地又有不同。

清代鑄幣分兩大類，一類是朝廷造幣廠鑄造的；另一類是地方造幣廠鑄造的。

清代統一中國後，開始重新制訂貨幣政策。在清軍剛入關時，允許明代的錢幣流通，但不久即嚴禁使用明錢及其他

古錢，獨行清錢。其中主要的通寶錢有順治通寶、康熙通寶和嘉慶通寶。

清代初期，朝廷在北京設鑄錢局鑄錢，隨著天下統一，在各地開錢局，並鑄順治通寶。

順治年間對製錢成分有明確規定，即銅百分之七十，白鉛百分之三十，為合金，稱之為「黃銅」，一千銅錢稱為一串，年鑄一萬兩千串，稱為一卯，即每開一期的額定數稱為「正卯」，正卯以後凡有加鑄數稱為「加卯」。

順治錢制形式未能統一，按照背文可分為五種，也就是在錢幣界享有盛譽的「順治五式」

一是仿明代錢式，面文「順治通寶」，皆為光背無文。採用這種形式，主要是適應關內群眾的需要，也便於新舊錢之間的兌換。

二是仿會昌開元錢制，錢背文紀地紀局。如「戶」「工」為寶泉、寶源泉兩局所鑄。其他有臨、宣、延、原、西、同、荊、河、昌、寧、浙、東、福、陽、襄、江、薊、廣、陝、雲等。錢重一·二錢。

西元一六五一年的錢重改為一·二五錢。清代初期制錢重量不斷變化，順治通寶錢漢字錢的大小輕重差異較大。有的錢局開鑄時間短，開鑄不久即停鑄，所以有的記局記地錢數量很少，其中「延」、「宣」、「薊」存世甚少，極為罕見。

三是權錢錢也叫一厘式錢，即在背面除有局名外，穿左邊鑄有「一厘」兩字，比前一種少了「延、西、荊、襄、雲、五局」，「一厘」是指權銀，一文銅錢折銀一厘，一千文銅錢值銀一兩，此錢從西元一六五四年時鑄行，至西元一六六○年停鑄。各局所鑄不盡相同，大小輕重有變化。

　　四是滿文錢，面文為「順治通寶」的漢文，背文則用新滿文，穿左右滿文為「寶泉」或寶源，規定每錢重一‧二錢，西元一六六七年因停外省鑄錢，因此僅在北京鑄行。

　　五是滿漢文錢，面文「順治通寶」漢文，背文紀局名改為穿左為滿文錢局名，穿右為漢文錢局名。

　　西元一六六〇年，戶部商議決定重開各省錢局，除寶泉、寶源兩局所鑄制錢仍為滿文錢局外，其他各省錢局所鑄錢背文都為滿漢文錢，共有十二局：臨、寧、原、宣、同、江、東、河、薊、昌、浙、陝。這種錢式製作較好，鑄量最多，存世也較多。

　　順治通寶每文重一錢。寶泉局鑄錢供全國經費使用。寶源局鼓鑄之錢，要按卯報呈工部，交節慎庫驗收，然後作為工部所管各項工程經費發放。

　　康熙通寶是清康熙帝玄燁時所鑄。康熙朝自鑄的貨幣有兩種，與順治錢的第四式和第五式相同。

　　康熙帝在位六十一年，因為當時社會政治比較穩定，經濟發展很快，商品交換、貨幣經濟也非常發達，所以康熙一朝的錢幣鑄造得非常精美，大都很規整，錢型厚重，文字美觀大方，而且鑄量極大，存世非常豐富。

　　西元一六六二年，清代朝廷下令停鑄上代順治通寶錢，而改鑄康熙通寶錢，並規定以後凡是嗣位改元，所鑄錢制皆如此例。

　　縱觀康熙一朝，在全國共開設鑄錢局二十四處。由於受當時治鑄工本和錢幣私鑄等問題的影響，每一文康熙錢曾分

別重一‧四錢、一錢、七分，這樣一來便產生了我們今天見到的大、中、小三種不同重量的康熙通寶。

康熙錢的背文除工部、戶部所設的寶泉、寶源兩局所鑄均為文外，其他外地各錢局鼓鑄的通寶錢，其背文左為滿文紀地，右為相應的漢字紀地。

後人為收藏和研究方便，將滿漢文紀地的局名編在一起，形成了一首押韻、順口的康熙錢「背文詩」。

詩說道：

同福臨東江，宣原蘇薊昌。南河寧廣浙，臺桂陝雲漳。

這首詩將「康熙通寶」錢背滿漢文的二十局都囊括其中。所以有人將康熙的這套錢稱為「詩文二十品」。

後來還出現了「鞏」字，又有人說還有「密」、「川」、「貴」、「西」等錢局的康熙錢。但是至今人們僅見有「鞏」、「西」兩字，其他還沒有見到實物。

康熙通寶還有俗稱的羅漢錢，相傳是年羹堯熔黃金羅漢所鑄，色澤呈金黃色，康熙的「熙」字較通俗寫法少一豎。其中有背大清及龍鳳紋飾的宮錢，為收藏家所鍾愛。

當時，另外有福建寶福局於康熙六十歲大壽時起鑄有背穿干支的賀壽錢，每年一品，直至西元一七二二年康熙帝晏駕，一共十年，共鑄造了六品，現在存在於世上的十分罕見。

嘉慶通寶是清仁宗顒琰在嘉慶年間所鑄。錢徑二‧二釐米至二‧六釐米，重兩克至四克。錢面文字「嘉慶通寶」以楷書書寫，從上而下而右而左直讀。

# 貨幣歷程：歷代貨幣與錢幣形式
流通寶貨 鑄行通寶錢

錢背滿文左「寶」，右記局名十九個字。少數錢背星月紋以及記地或吉祥漢字，如：桂、福、壽、康、寧等。

錢幣上的吉語背文如：「天子萬年」「國泰民安」、「天下太平」、「日日生財」、「嘉慶萬歲」、「唯和唯一」、「如賣三倍」、「四方來賀」、「五世同堂」等多達二十種，為歷代鑄幣所僅見。

清代貨幣、紙鈔、銅幣並行，至嘉慶年間發行新式銀元，而光緒年間鑄金、銀幣更多。洋務運動也影響到鑄幣業，兩廣總督張之洞曾於西元一八八七年委託使英大臣在英國訂購全套造幣機器，並在廣東錢局首鑄機制銀元和銅元。

其後，各省紛紛仿效，購制國外機械鑄造銀、銅元。包括廣東錢局在內，許多造幣機均訂購自著名的英國倫敦伯明翰造幣有限公司。英國大工業的介入，使銀幣也沾染上西方色彩。

清代末期機制貨幣的出現，是中國古代貨幣史上由手工鑄幣向機制貨幣的重大演變。從此，不但鑄造貨幣的工藝發生了重大變化，而且使流通了兩千多年的圓形方孔錢壽終正寢。

## 閱讀連結

清光緒年間，洋務運動代表人物、兩廣總督張之洞想在廣東鑄銀元和銅元。於是，張之洞奏準購辦機器，透過中國駐英公使劉瑞芬調查了英國造幣機器價格、購置手續和造幣技術，在廣州大東門外黃華塘購置了八十二畝土地作為廠址。

張之洞從英國引進了全套機器設備，計有鍋爐、抽水、碾片、椿餅、印花等機器兩百餘部，廣東錢局就此建立起來了。該局是當時世界上規模最大的造幣廠，只熔化爐就有七十二座和鑄幣機九十臺，計劃日產各種錢幣兩百六十萬枚。

## 國家圖書館出版品預行編目（CIP）資料

貨幣歷程：歷代貨幣與錢幣形式 / 楊宏偉 編著 . -- 第一版 .
-- 臺北市：崧燁文化，2020.03
　　面；　　公分
POD 版

ISBN 978-986-516-127-9( 平裝 )

1. 古錢 2. 貨幣史 3. 中國

793.4　　　　　　　　　　　　108018537

書　　名：貨幣歷程：歷代貨幣與錢幣形式
作　　者：楊宏偉 編著
發 行 人：黃振庭
出 版 者：崧燁文化事業有限公司
發 行 者：崧燁文化事業有限公司
E - m a i l：sonbookservice@gmail.com
粉 絲 頁：　　　　　　網 址：
地　　址：台北市中正區重慶南路一段六十一號八樓 815 室
8F.-815, No.61, Sec. 1, Chongqing S. Rd., Zhongzheng
Dist., Taipei City 100, Taiwan (R.O.C.)
電　　話：(02)2370-3310 傳　真：(02) 2388-1990
總 經 銷：紅螞蟻圖書有限公司
地　　址: 台北市內湖區舊宗路二段 121 巷 19 號
電　　話:02-2795-3656 傳真:02-2795-4100　　網址:
印　　刷：京峯彩色印刷有限公司（京峰數位）
　本書版權為現代出版社所有授權崧博出版事業有限公司獨家發行電子書及繁體
　書繁體字版。若有其他相關權利及授權需求請與本公司聯繫。
定　　價：200 元
發行日期：2020 年 03 月第一版
◎ 本書以 POD 印製發行